マイナビ新書

議員の品格

JN169368

毎日新聞社特別編集委員
元・TBS「NEWS23」アンカー
岸井成格

マイナビ新書

はじめに

「あの人を信じて投票したのに、裏切られた」

「立派な公約を打ち出していたので支持したが、いざ当選したら何も実行してくれないどころか、不祥事まで起こした」

「国会議員である以前に、そもそも人としてどうなのかと品位を疑いたくなる議員が多すぎる……」

　選挙が終わってしばらく経つと、こんな声をよく聞きます。それもそのはず、有権者が一票に託した願いが、なかなか叶えられないからです。

　有権者は、自分が実現してほしいと考えている政策を掲げる候補者を選び出し、投票します。ですから、その候補者が当選して国会議員になった暁には、公約として掲げた政策をなんとしても実現してほしいと願うのは当然のことですね。

　ところが、せっかく当選した（有権者が投票によって当選させてあげた）にもかかわらず、いざ議員になってしまうと公約をまったく実行してくれない。実行してくれないどころか、時に公約とは180度違う政策を平気な顔で推進したり、そんな公約など初めからなかったというような顔をしたり、そもそも政策に着手する以前につまらないスキャンダルを起こして辞職してしまったり……。

日本国憲法は、「国民主権」「平和主義」「基本的人権の尊重」を三大基本原理として明確にうたっています。その憲法において保障された「一票を投じる」という正当な権利を行使したのに、肝心の議員がこの始末（あるいは、この体たらく）では、有権者が「裏切られた」「だから政治家は信用できない」と感じてしまうのも無理のないことだと言えるでしょう。

今、議員の品格は地に落ちている……というのが私の考え方です。

相変わらずの「政治とカネ」の問題や、議論が聞こえないほどの度を越したヤジ、夢中でスマートフォンをいじる姿、そして憲法の軽視……。「国権の最高機関」と憲法に定められた国会をないがしろにするような態度には、目に余るものがあります。

本書では、メディアとしての政治的公平、不偏不党の姿勢に留意しつつ、「議員の品格」を失った国会議員を大量に生み出す選挙制度の問題点に切り込み、現在の政治家と過去の政治家との比較など歴史面もたどりました。

さらには日本という国の基本システムである国会、内閣の仕組みも概観しながら、初めて選挙に臨む若い世代を中心に、改めて選挙について考えてみたい世代にとってもガイドとなることを心がけています。

本書を読んで、日本国民の権利である「選挙権」を、ぜひ有効に活かしてください。

議員の品格

目次

第1章 「議員の品格」はなぜ地に落ちたのか

第2章　かつていた本物の政治家

第3章　議員の品格を落とした選挙システムの変化

第4章　これからの若者はどう選挙に向き合うべきか

第5章　今求められる政党・議員の役割

第6章　選挙における議員の選び方

第7章　選挙が終わってからこそ大事な議員とのつきあい方

第1章

「議員の品格」はなぜ地に落ちたのか

悪化が止まらない政治家のイメージ

政治家、議員、選挙と聞いて、読者のみなさんにはどんなイメージが浮かんでくるでしょうか？

良いイメージ、悪いイメージ、いろいろあるかと思います。具体的なイメージが何も浮かばない人もいるかもしれませんね。また、そもそも良いイメージなど何もない、悪いイメージしかない……という人もきっといるはずです。

悪いイメージとしてすぐに思い浮かぶのは、おそらく「政治とカネ」という言葉でしょう。確かに政治家とカネをめぐる不祥事、たとえば贈収賄や違法献金といった事件は、昔も今もしばしばニュースを賑わせます。企業や団体、もちろん有権者個人からであっても、政治家が金銭などを受け取った見返りとして便宜を図ることは、法律で明確に禁じられています。いわゆる「汚職」です。

にもかかわらず、そうした不祥事は起こります。そしてそのたびに「政治不信」という言葉がキーワードとしてメディアを駆け回る事態となるのも、昔も今も変わりません。

加えて昨今では、政治家の不用意な発言や、国民をバカにしていると思わざるを得ないような暴言、さらには女性問題、不倫といった私生活におけるトラブルも頻繁に目にするようになったのではないでしょうか。

大事な議論を戦わせているはずの国会本会議中の居眠りや、スマートフォンいじり、度を超したヤジなども、国民の代表が集まっている国会を軽視している態度に見えてしまいます。

国政選挙から地方選挙まで、投票率は低迷を続けています。この投票率を見るだけでも、政治家の言動に対し有権者があきれたり、希望を見出せない状況にあることは、誰にでもすぐにわかりそうなものです。

結局のところ、そうした国民の声はなかなか届かないのが現実なのか……。一有権者としては、そう嘆かざるを得ない残念な状況です。

かつての政治家のスキャンダルの数々

若い世代の読者の方は昔のことなどあまりよく知らないでしょうし、興味もないかもしれませんが、政治家にまつわる様々なスキャンダルは最近になって始まったものではありません。1980年代以前の、いわゆる昭和の政界をご存じの読者諸氏なら、具体的な事件がすぐに思い浮かんでウンウンとうなずいておられることでしょう。

かつての政治家の周辺では、政界、官界、財界を広く巻き込み、全国ニュースのトップを連日飾る（もちろん不名誉な意味で、ですが）ような「政治とカネ」にまつわる大規模汚職事件が繰り返し発生していました。

田中角栄前首相の逮捕にまで及んだ「ロッキード事件」（1976年）や、数多くの有力政治家が利益供与を受けたとされ竹下登内閣を総辞職に追い込んだ「リクルート事件」（1988年）、古くは、後に首相を務めることになる福田赳夫・大蔵省主計局長（当時）らが逮捕され（福田は後に無罪）、やはり時の内閣の退陣にまで進んだ「昭和電工事件」（1948年）などなど、戦後の政治史を顧みれば、汚職事件はまさに枚挙に暇がありません。汚職という言葉もかなりダーティーな印象を与えますが、こうした数々の事件はさらに強烈な表現で「疑獄事件」とも呼ばれます。

日本中を激しく揺さぶったこれら一連の大スキャンダルに比べれば、近年の政治家が起こす不祥事は、政治資金の私的流用、経費の架空計上など一見小粒なものが多くなったようにも思えます。

しかしながら、規模はともかく「政治とカネ」をめぐる事件は終わることなく続いている印象で、それについては読者のみなさんも同意していただけることと思います。政治家＝信用できない、すなわち「政治不信」というイメージも、いまだに払拭されているとは言い難いのです。

ニュースは政治家の不祥事ばかり

最近の出来事を見るだけでも、地方議会議員の立場にある人が訪れてもいない温泉地への旅費を不正計上していた疑いが報じられたり（釈明の号泣会見で話題になりましたね）、支援者向けの観劇会に関する政治資金収支報告書への虚偽記載・不記載で現職閣僚の秘書が逮捕されたり、選挙期間中の運動員に現金報酬を渡して問題になったりと、「政治とカネ」の絡みで政治家への信頼を損ない、不信感をあおるニュースには事欠きません。

一方では、国民感情を逆なでする不用意な発言（たとえば憲法改正に関する現職閣僚の「ナチスの手口に学んだらどうかね」や、熊本地震に関する国会議員の「大変タイミングのいい地震だ」など）、差別的な不適切発言（男性議員が女性議員の演説に向けてヤジった「子どもを産まないとダメだ」、現職県知事による「サイン、コサインを女の子に教えて何になる」など）も相次いでいます。こうした発言が理由で、閣僚辞任や議員辞職に追い込まれることもたびたび起こるので、「またか」という印象を与えてしまうのです。

また、いわゆる女性スキャンダルもしばしば取り沙汰されます。育児休暇取得で話題を呼んだ30代の若手衆院議員が週刊誌に不倫疑惑を報じられ、これをきっかけに議員辞職したケースもみなさんの記憶に新しいことでしょう。

あきらめがちな有権者

残念ながら政治の世界では、ここまで挙げてきたような不祥事が飽きもせずに何度も何度も繰り返されます。

カネ絡みや失言・暴言は言わずもがなですが、女性スキャンダルも当然新しい話ではなく、1989年には宇野宗佑首相が女性問題をきっかけとして在任わずか69日で退陣するという衝撃的な出来事もありました。

「政治家は誰でも、きっと何らかの〝悪いこと〟に関わっているのだろう」

……そんなあきらめの声すら聞こえてきそうなのが、日本の現状です。実際に、そう割り切っている有権者も少なくないのかもしれません。

かつてのロッキードやリクルートといった、日本全土に衝撃を与えるメガトン級の汚職事件に比べれば一見小さく映る不祥事であっても、国民の政治に対する不信感を間違いなく助長します。

では、前述のように「政治家は誰でも……」と割り切ってしまえばそれでいいのでしょうか？

不信感ゆえに割り切り、「だから投票などしても意味はないんだ」と、憲法で保障された貴重な一票の権利を簡単に捨て去ってもいいものなのでしょうか？

……いいえ。改まって言うまでもなく、それほど単純ではありません。

主権者たる国民のために働くのが議員

そもそも議員というものが何であるのか、それを考え直してみてください。

日本は代議制民主主義を採用しています。代議制民主主義は、議会制民主主義とも、また間接民主制とも言い換えることができます。詳しくは後述しますが、国民の意思すなわち「民意」によって代表者たる議員を決定し、その議員に国政などの政治の運営を託す、これが代議制民主主義です。

議員には国会議員だけでなく、都道府県や市町村の地方議会議員もいますが、ここではまず国会議員に限定して見ていきましょう。

国会議員とは、日本国憲法の「国民主権」の原理に基づき、憲法第15条で保障された選挙権という**権利**を国民が行使して投じる貴重な一票によって選出され、主権者たる**国民のために**法律を作り上げる仕事（立法）に従事する人々です。

さらには、これも詳しくは後述しますが議院内閣制という基本体制を持つ国である日本にあっては、**国民により**選ばれた国会議員の中から内閣総理大臣すなわち首相が選出され、その首相が内閣を組織し、国会で決められた法律に則って、主権者たる**国民のために**政策を実行していきます（行政）。

ですから、主役はあくまでも国民です。それが国民主権という考え方であり、民主主義の根本です。

国会議員は、主役である国民からの負託（期待をもって任せること）を受けて国民の代わりに、国民のために仕事をしているだけなのであって、国会議員自らが日本という国の主役であるわけではありませんし、もちろん国会議員が一般国民よりエラいわけでもありません。

そこを勘違いしている、忘れている、あるいはそもそも自覚すら持っていない国会議員が、今、増えていると私は感じます。

国会議員を例に説明しましたが、都道府県・市町村の地方議会議員も、都道府県知事・市町村長といった地方自治体の首長（正しい読み方は「しゅちょう」ですが、市長との混同を避けるために「くびちょう」と発音されるケースが多く見られます）も、国民の選挙で選出されるため、立場は国会議員と同様です。あくまで、国民の負託を受けて「仕事をさせてもらっている」存在なのです。

なお、国会議員や内閣の首相・閣僚にこれらの首長や地方議員も加えて「政治家」と称することがあります。本書でも、議員に限定せず「政治家」と表現するケースが多くありますので、あらかじめ頭に留めておいてください。

政治記者から見た議員の品格の低下

私は、現在の国会議員をめぐる状況の背後にある潮流を「品格の欠如」ととらえています。もちろん、かつての政治家がすべて品行方正だったとは、けっして言えません。品位のない言動をとる政治家は、事実過去にもたくさんいました。昔が良くて今が悪いなどと、単純に断じることはできないのです。

しかしながら、現在は「政治家」「議員」というもののレベルが、情けないと言わざるを得ないほど低落しているのも事実です。それこそが「品格の欠如」であり、ひいては「政治の劣化」につながっているのだと考えています。

私はもう50年近くの長きにわたって内外の政治を間近に見てきました。その私が見るところ、政治家の風上にも置けないような議員が増えているのです。

まず、現在の国会議員の中に、国会議員として知っておくべき根本的な物事を何も知らない人がいます。根本的な物事とは、民主主義、立憲主義、歴史、そして憲法……そういったもののことです。言い換えれば、日本国を日本国たらしめる最も重要な土台の部分を知らないまま、日本国を動かす政治の担い手になっている、ということです。

知らないだけでなく、知ろうとしていないし、勉強もしていない。そこも大きな問題です。さらには、ごく当たり前の社会常識や、国民の暮らしに関する知識、庶民感覚も持ち合わせていません。

また、自分が所属する政党の論理で動き、国民の利益を真剣に考えることはせず、無視・軽視し、もはや国民をバカにすらしているのではないかと思われるような姿勢の議員もいます。

ですから、先ほど一部例を出した失言・暴言についても、とどまるところを知りません。そして、ひどい発言をする一方で、「平気でウソをつく」「前言を簡単に撤回する」議員も増えている印象が否めません。自分が発する言葉に関して、あまりにも無責任です。

そして、自分の発言にさえ責任を持てないのですから、国民の負託を受けている立場なのだという意識はきわめて希薄です。

自らの利益と政党の利益、それを〝数の力〟で実現するための選挙での勝利。これしか考えていないのではないかと疑いたくなる議員がいるのも、残念ながら現状です。

その結果、当然のごとく責任は回避しますし、一方では責任を追及されるとすぐにキレて反対に口汚く罵るなど、議員としての立場の自覚も仕事への誇りも感じられません。

政治家として、議員として、いやそれ以前に人間としての品格すら、失われているのではないか。あるいはそもそも身についていないのではないか……。そう判断せざるを得ないような情けない不祥事が続いているのが、現在の日本の政界という場所です。

抜け落ちた「国民第一」の視点

もちろん、すべての議員がここに挙げたような発言をするわけではありません。立派な考えを持ち、責任ある言葉を心がけ、実際に行動している政治家も、与野党を問わず存在しています。

しかし残念ながら、現在の日本においては、政府の品格を疑われる議員が存在するということだけは言わなければならないでしょう。

政治家の品格は、なぜここまで低落してしまったのでしょうか。政治家が絡む汚職事件やスキャンダルは、なぜ繰り返されてしまうのでしょうか。

政治家、議員は、国民のことを第一に考えるべきであることは、いまさら言うまでもないでしょう。議員の仕事は立法すなわち法律を作ること、内閣や官僚の仕事は法律に基づく政策の実行すなわち行政ですが、いずれにしても主権者たる「国民のために」という視点を失ってしまったら、もはや民主主義国家における「公職」であるとは言えないのです。

ところが、現在の議員、政治家の多くは、この「国民第一」の視点が抜け落ちていると考えざるを得ません。

こうした議員が増えてしまった背景として、「世襲議員」「公募議員」の2つの要因があると私は考えています。

国会議員は世襲だらけ？

まず1つ目の「世襲議員」。簡単に言えば、親が議員を務め、その子どもも議員になる、というのが世襲議員です。「二世議員」という呼び方もあります。

実は世襲議員自体は以前から存在していましたが、近年は世襲議員が急激に増えてきた印象があります。これは日本の政界の大きな特色と言うことができます。しかも最近は権力の中枢に世襲議員が座るケースが目立ち、「国会議員は世襲だらけ」というイメージすら与えています。

たとえば最近の総理大臣を見ると、現在の安倍晋三首相を筆頭に、小泉純一郎、麻生太郎、福田康夫、小渕恵三、橋本龍太郎といった自民党の歴代首相はみな国会議員を父に持つ世襲議員です。自民党だけでなく、2009年に政権交代を果たした当時の民主党の鳩山由紀夫元首相も世襲議員でした。

閣僚ではありませんが、その行動が常に話題の的となる自民党の若手ホープ、小泉進次郎衆院議員も、父親が総理大臣であり、その父も祖父も有力な国会議員でしたから、二世三世どころか四世議員、まさに世襲議員の代表格と言えるでしょう。かつて〝剛腕〟と評され政界の権力中枢を動かしていたと言われる小沢一郎衆院議員も、父が国会議員であり、やはり世襲議員です。

また、旧・維新の党の代表を務めた、松野頼久衆院議員（現・民進党）も、祖父、父、三代にわたる国会議員です。

もちろん、世襲議員自体が悪いと言うつもりはありません。きちんと国民のことを考え、日々勉強を重ねている立派な世襲議員もいます。

世襲議員は「三バン」で有利

とはいえ、議員と言えば基本的に地元の有力者ですし、従来の国会議員はその傾向が現在よりも一層顕著でしたから、選挙区での存在感は強力なものがあります。その基盤を引き継ぐことで、まだ若く、実力が十分に備わっていない人材であっても、国会議員になることができるのも事実なのです。

かつて国会議員になるには「三バン」が必要だと言われていました。三バンとは、「**地盤**（ジバン）」「**看板**（カンバン）」「**鞄**（カバン）」の3つです。かつてと書きましたが、その事情は現在の選挙でも基本的に変わりはありません。

地盤については説明するまでもないでしょう。地元選挙区における後援会など、集票を支える組織がしっかり整っていることを意味します。世襲の候補者は、親から譲り受けた確固たる地盤を有しているので、まずこの時点できわめて有利と言わざるを得ません。

2つ目の看板とは、言い換えれば知名度です。名が知られていなければ当選できないのは当たり前ですが、世襲の場合は親が長年築き上げた政治家としての知名度をそっくりそのまま利用できますから、これも大きなアドバンテージです。

そして3つ目の鞄は、札束を入れるもの、つまり選挙資金、カネのことです。

選挙には莫大なカネがかかるのが現実です。国会議員を何期も務めたような名士の家であれば経済的に余裕があるでしょうし、必要なカネを効率的に集めるための組織やネットワークもあります。

世襲の候補者は当選に必須の「三バン」を生まれながらに手に入れられる立場にあるため、誤解を恐れずに言えば、苦労なく（少なくとも親ほどの苦労はせずに）国会議員になれるわけです。

世襲議員が生まれる背景

世襲議員が生まれる背景は、それほど単純ではありません。先に挙げた三バンがそろっているという条件は、ひとつの積極的な理由となるでしょう。

１９９０年代中盤に「中選挙区制」から「小選挙区比例代表並立制」へ移行した選挙制度や、いわゆる「一票の格差」の問題も、世襲議員の量産に大きく寄与していると考えられます。ちなみに小選挙区制はひとつの選挙区から一人しか当選できないシステム。また一票の格差とは、「本来すべての国民にとって等しく同じであるはずの一票の価値が地域によって異なる」という、民主主義の根幹に関わる問題です。なお、選挙制度や一票の格差については、第3章でより詳しく解説します。

さらには、現憲法下の日本はすでに貴族社会・階級社会ではないわけですが、国民の側に血統主義への憧れや家柄を尊ぶ姿勢がないとは言い切れず、これも世襲議員を生む大きな理由と考えられます。

日本の国会議員ではありませんが、ジョン・F・ケネディ米大統領の娘であるキャロライン・ケネディが駐日大使となった際にも、多くのメディアで「あのケネディの娘」と華やかに伝えられました。視聴者・読者の側も、どことなく微笑ましいイメージで迎え入れた人がきっと多かったことでしょう。

日本人のそうした性向をアメリカ側が冷静に見定めた結果、政治経験の一切ない彼女を駐日大使に選んだという可能性も否定はできません。そのアメリカにしても、ジョージ・H・W・ブッシュ第41代大統領の息子ジョージ・W・ブッシュが第43代大統領になり、純粋な世襲とは異なりますが、ビル・クリントン第42代大統領の妻ヒラリー・クリントンが２０１６年の大統領選挙に出馬し、今まさに民主党候補に選ばれようとしているわけです。

　このようにアメリカでも一部の世襲政治家が突出して活躍しているため「日本と同じじゃないか」という印象を与えるかもしれませんが、実際には上下両院議員に占める世襲議員の率はきわめて少ないのが実情です。お隣の韓国も朴槿恵《パククネ》現大統領が朴正熙《パクチョンヒ》元大統領の娘ですが、国会議員に占める世襲議員の割合は日本に比べけっして多くありません。

　先進国の中でもイタリアなど世襲議員が多い国は一部にあるようですが、事情は国ごとに異なります。少なくとも日本で世襲議員が誕生し続けているのは、日本独自の政治風土や選挙制度が背景にあると考えて間違いないでしょう。

政界を揺るがす「公募議員」問題

かつては国会議員になるための王道として、「議員秘書」を務めるということがありました。秘書として国会議員を支えながら、政治や法律を学び、官僚などとの人脈も築くことで、当選へ至る道筋を着実に紡ぎ上げていったのです。秘書から国会議員を目指すルートは今も健在です。また、官僚経験者が政界に転じるケースも、昔も今も多く見られます。それはそれとして、〝議員の品格〟という観点から現在注目すべき国会議員へのルートは、前項で紹介した「世襲」と、そして「公募」です。

公募議員は、読んで字のごとく、政党が選挙に出て政治家を目指す人材を公募することで生まれる議員です。

本来、選挙は誰もが個人の立場で立候補できるものなのですが、とりわけ国政選挙においては先ほど紹介した「三バン」の問題もあり、組織の後ろ盾や潤沢な資金を持たない純粋な一個人では立候補が難しい現実があります。

そこで、現職が引退を表明した選挙区などで政党が主体となって募集をかけ、集まった候補者から政党それぞれの基準に照らしてふさわしいと考えられる人材を選び出し、立候補させます。

このような公募制度において立候補した議員が、その選挙の際に吹いている〝風〟に乗って当選を果たすと、しばしば「チルドレン」と呼ばれます。厳密に言えば、チルドレンは公募議員に限らず風に乗って大量当選した新人議員全般を指しますが、チルドレンと呼ばれる議員の多くが公募議員であるのもまた事実です。

チルドレンの代表的な例は、圧倒的な支持率を誇っていた小泉純一郎首相時の総選挙で当選した「小泉チルドレン」、２００９年の政権交代の風に乗った「小沢チルドレン」、そして現在の安倍首相の元で大量当選した「安倍チルドレン」です。

ちなみに先ほど例に出した、不倫問題がきっかけで辞職した若手衆院議員も、２０１２年の総選挙に公募で出馬し当選した「安倍チルドレン」の一人でした。

若い世代の活用として期待された公募議員だったが……

公募議員は、総じて若いのが特徴です。チルドレンと呼ばれる議員自体、公募以外に党が知名度の高い人材を積極的に探し（タレント議員、スポーツ議員など）出馬を依頼したケースもありますが、基本的には40代以下の若い世代が中心です。

もちろん、若いことが悪いわけではありません。若い世代の意見を国政に反映させていくのはきわめて重要な課題です。

しかしながら、そもそも政界に何の足掛かりも持たない人たちであるため、傾向としては自分たちが当選した選挙の際のトップ、つまり自分たちが当選できるような風を起こしてくれた人物に対して従順になりやすい傾向があります。

そうした理由からも、公募の若手議員はそのトップや党中枢の意見・立場を無条件で受け入れる一方、国民の方を見ずにトップの顔色ばかりをうかがうということになりがちなのです。

見るべきは党内のエラい人物ではなく、国民……。その政治家としての大原則が、公募議員をはじめとするチルドレンの多くには、誕生の経緯からなかなか通じないように感じます。

加えて、当選したはいいものの、党内に政治や民主主義や憲法について実際的に学べる仕組みがないことから、政治家としての基礎知識を身につけていない議員が多い印象も否めません。

そして、そうした側面が議員としての品格の欠如、ひいては政治の劣化につながっている要因であることは、おそらく間違いのないところです。先ほどのチルドレン議員の辞職以外にも、国会を欠席して私的旅行に出かけていた疑惑が報じられ所属政党から除名されたり、問題発言・未公開株問題・未成年者買春疑惑など度重なるスキャンダルで離党したりなど、公募議員の不祥事も後を絶ちません。

自民党の派閥の功罪

世襲議員や公募議員の品格の欠如は、残念ながら与野党を問わず見られる現象です。

近年は様々な政党が誕生しているので、党内のシステムがまだ確立していない政党もあるでしょうが、結党から60年以上の歴史を持つ自民党に関して言えば、かつては「派閥」という政策や主張が共通したもの同士が集まった組織が、政党内に厳然と存在していました。各派閥の主張はさながら別の政党ではないかと思えるほどの違いがあり、その事実が自民党内に独特の柔軟性と多様性をもたらしていました。

しかし、後述するように、衆議院の選挙制度が「中選挙区制」から「小選挙区比例代表並立制」に変わり、同一選挙区に複数の自民党候補を立候補させられる中選挙区制を前提としていた派閥の存在意義も大きく変わりました。

選挙制度の変革によって候補者選出における党本部の発言力が著しく強まったため、かつてのように候補者調整で派閥が力を発揮できる場面がなくなってしまったのです。

現在の自民党にも派閥はありますが、派閥の連合体であった従来の自民党とは明らかに異なり、権力が党本部に集約される傾向がどんどん強くなっています。その結果、党内の多様性も失われ、「総理大臣一強体制」とも評されるような政党へと変容しています。

派閥が議員の品格を育てていた?

自民党の派閥というと、一昔前の政界を知る人たちからは、「金権政治の温床」「議員を当選させるための組織」「政・官・財の癒着体質の要となり、当選回数の序列で大臣を送り込む、密室政治の舞台」といった負のイメージしか持たれていないかもしれません。

かつての派閥に、金権・利権の温床としての側面や、重要なことが派閥の長を軸とした密室で決められる不透明性があったことは事実で、派閥の解消により、政治の透明性は増したと言えます。しかし、派閥の弊害も大きかったのですが、その一方で良い面もあることはありました。それが「教育の場」としての派閥の役割です。

かつての派閥内議員の結びつきはきわめて強く、新人議員の面倒は派閥で見て、政治のイロハをきっちりと教え込む教育機関としての側面があったことも事実。新人議員は派閥に属することで、良いことも悪いことも様々に学んでいったのです。もちろんその過程では、政治家としての立ち居振る舞いや、議員の品格というべきものも学んでいました。

自民党が単独政権を担い続けていた時代には、強い派閥が重要閣僚の地位を占める一方、ひとつの派閥のみが独占することはけっしてなく、派閥間の閣僚ポストのバランスも常に考慮されていました。時の政権が崩壊した際すぐに政権を引き継げるように、やはり派閥間のバランスを取った党内シャドーキャビネットがあり、その点では内閣の危機管理システムともなっていたのです。

政党の変容も大きな要因

現在は「透明性」の時代であり、その意味でかつての派閥のように国民から見て不透明な存在は時代にそぐわない面がどうしてもあります。

そうした時代背景と、選挙制度の改革もあり、自民党内の権力バランスが派閥均衡から党本部への一点集約へとシフトしていったのは、当然の流れだとも言えるかもしれません。その流れの中から、公募制がクローズアップされてきました。

公募制は、「三バン」を持たない新人が国政に参加する道を作るという点で大きな意味があります。日本国民は政治に参加する「参政権」を有しています。参政権には議員などを投票によって選ぶ「選挙権」だけでなく、自分自身が議員などに立候補する「被選挙権」もあるのです。にもかかわらず、純粋な一個人が立候補するのは難しい現状があるわけですから、政党の後ろ盾を公に手に入れられる公募制には存在意義があると言えるのです。

とはいえ、公募制で議員に当選した人の中には、試しに事業を始めてみる「起業家気分」で政治活動に参加したり、上司の言うことを絶対視するという意味での「サラリーマン化」した議員が目立つのも実情です。

そして、こうした議員は前述のように国民の方へ顔を向けず（顔を向けているようなポーズは当然とるのですが）、上司たる先輩議員の顔色ばかりをうかがう傾向にあるのです。その「上司」たちも、自民党に関して言えばかつての派閥時代に担保されていた多様性を保ちにくい一点集中のピラミッド構造に変容しており、結局は党本部の方針に従わざるを得ません。

また、自民党以外の新しい政党も、まだまだ党の仕組み自体が流動的なところが多く、党内に確固とした教育システムを整備する余裕がないという事情があります。

与野党のこうした状況も、公募・チルドレン議員の品格が低落し、政治が劣化している大きな原因のひとつと言って差し支えないでしょう。

「停波」発言と報道の自由度

議員の品格を疑わせるような最近の〝事件〟の中で、私自身も当事者の一人になっているものとして、この章の最後に、「テレビ局電波停止（停波）発言」を挙げないわけにはいかないでしょう。

2015年夏に世論を二分する大きなテーマとなった安全保障法案について、憲法学者の大多数が「違憲」（憲法違反）と主張していることや、「戦争につながるのではないか」という国民の多くが率直に感じる不安を私自身がアンカーとして出演していたTBS「ニュース23」などで報じました。

総務大臣は、2016年2月8日の衆議院予算委員会で民主党・維新・無所属クラブの「放送法の百七十四条の業務停止や電波法七十六条についてはこうした四条の違反については使わないということで、今、もう一度明確に御発言いただきたいんですが」という問いに対して、こう答弁しました。

「それはあくまでも法律であり、第四条も、これも民主党政権時代から国会答弁で、単なる倫理規定ではなく法規範性を持つものという位置づけで、しかも電波法も引きながら答弁をしてくださっております」

「将来にわたって、よっぽど極端な例、放送法の、それも法規範性があるというものについて全く遵守しない、何度行政の方から要請をしても全く遵守しないという場合に、その可能性が全くないとは言えません。やはり放送法というものをしっかりと機能させるために、電波法においてそのようなことも担保されているということでございます。実際にそれが使われるか使われないかは、事実に照らして、そのときの大臣が判断をするということになるかと思います」
（第190回国会予算委員会会議録より）

これは、一歩間違えれば政府権力による報道の自由を無視する事態に発展する発言でした。報道の現場からも、「このような発言があればどうしても番組作りで萎縮せざるを得ない」という追い詰められた声が聞こえてきています。

報道の自由に結びつく表現の自由は、言うまでもなく日本国憲法で保障された権利です。憲法第21条第1項で「集会、結社及び言論、出版その他一切の表現の自由は、これを保障する」とされ、第2項では国家権力が表現・報道に介入した第二次世界大戦時までの反省を踏まえて「検閲は、これをしてはならない」とも規定しています。

憲法学者の大多数が安保法制を違憲と考えていることや、国民の多くが不安に感じていることは、数字にも表れている事実です。政治的公平性を欠いた報道ではけっしてないのです。

メディアも品格を問われている

　さて、表現の自由、報道の自由が保障されたわが国においては、メディア自身が基準を持つべきであり、国家権力がその基準を提示して規制することは、そもそもが報道の自由を侵しているということもできます。

　政権にとって都合がよく、心地よい報道ばかりをしているのでは、報道機関は単なる政府の御用機関に成り下がったとも言え、本来のメディアのメディアたる意味がありませんし、国民の「知る権利」を充足することもできません。

　テレビ局は、電波法に基づき、総務省から免許を受けて放送事業を行います。つまり免許交付の権限は総務大臣（総務省）が有しているわけで、「過去の総務大臣等の答弁を踏まえて、従来の総務省の見解を答弁しただけ」とその総務大臣は後に発言していますが、国会の場でこのような発言をするのでは、メディアに対する圧力や脅しの意図があるととらえられても致し方ありませんし、もしもそのような意図がないのであれば、あまりにも不用意な発言だと言わざるを得ません。

本書は、議員の品格、議員の資質とは何かを解説し、読者の方々に選挙に際して客観的に判断していただくのが目的ですから、現政権の政策批判を展開する意図もまったくありません。しかし今回の総務大臣発言は、表現の自由の根幹部分に触れる可能性のあるものであるため、報道人としての私の立場では、やはり看過することはできないので、本章の最後に述べさせていただきました。

もちろん、メディア自身が正しく情報を伝えることに邁進すべきですし、メディアも品格が問われていることを自覚すべきです。

みなさんにも議員を選ぶ際に、メディアに踊らされることなく、ご自身が信頼できる議員を選んでいただけることを望みます。

第2章

かつていた本物の政治家

今の政治家と昔の政治家は違うのか

昨今の政治不信、政治家の不祥事などにより、メディアでは「昔の政治家は素晴らしかった」という声がよく聞かれるようになりました。

「昔は大物政治家がいたが、今は小粒ばかり」という声もあります。私は、そこまで断定してしまうのはどうかと感じますが、昔の政治家には今の政治家にないタイプが多かったことは確かです。

最初に念を押しておきたいことは、私は昔の政治家がとにかく素晴らしく、今の政治家が問答無用でダメ、などと言うつもりはまったくないということです。昔も今と同様、悪い政治家もいました。それは当たり前の話で、昔も今も、そして将来も変わりはありません。反対に、当時の評判で、あるいは現在から振り返って「良い政治家」と評される人物であっても、非の打ちどころのない政治家などいるはずがないのです。大規模な汚職に関しては、昔の政治家の方が縁が深かったと言えます。

ですから、ただ単に「昔の政治家は良かった」などと口にすると、年寄りの懐古趣味が始まったと思われてしまう可能性もあります。

また、「今」はともかく、「昔」がいつの時代を指すのか？「昔」というのは相対的ですから、それがいつ頃までを指すかによっても感じ方は変わってくるでしょう。

60代以上の方々から見れば「昔」という言葉で思い起こすのは昭和30年代以前のことかもしれません。40代、50代であれば１９８０年代以前でしょうか。20代、30代なら１９９０年代も昔と感じるはずです。

一方、２０１６年の選挙で初めて選挙権を得る18歳、19歳の若者からしたら生まれた頃の１９９０年代は言うに及ばず、まだ幼かった２０００年代前半でさえも「昔」と感じることでしょう。

ここでは、自民党一党支配体制がほころび始めた1980年代末以前をひとまず「昔」と定義し、必要に応じてその後の時代も「昔」に加える場合がある、というスタンスで解説していきたいと考えています。

ベルリンの壁崩壊が1989年、ソビエト連邦の消滅が1991年、〝非自民〟の細川連立政権が誕生したのが1993年のことですから、1980年代末から1990年代の初めにかけて大きなパラダイムシフトがあり、日本の政治でも「昔」と「今」を分けるような変動があったととらえておけば、ひとまず誤解は生まれないかと考えます。

なお、以下の歴史的な説明においては、すでに故人になっている人物と存命中の人物が交互に出てくるケースがあるため、基本的に敬称を省略しています。

昔と今を分けるところ

その1980年代末、内閣総理大臣は海部俊樹でした。

海部は、1989年8月からちょうど1990年をまたぐ形で、1991年11月までの818日間、首相の座にありました。首相就任の7カ月前に昭和天皇崩御、2カ月前にリクルート事件の影響で竹下内閣が総辞職、就任3カ月後にベルリンの壁が崩壊し、首相退任の翌月にはソ連が消滅しているので、まさに国内的にも世界的にも激動の時期に日本のトップに立っていた人物だと言えます。

海部の前任の宇野宗佑首相は、第1章で書いたとおり女性スキャンダルによってわずか2カ月余りで首相の座を降りています（表向きには参議院選挙で自民党が大敗した責任を取っての退陣ということになっています）。

宇野は実は派閥の領袖（トップ）ではなかったのですが、当時は各派閥のトップをはじめとする自民党内の有力者がリクルート事件に関わっていた関係で謹慎していたため、ダークホース的な立場にあった宇野が竹下内閣の後を引き継ぐこととなったのです。海部もやはり派閥のトップではありませんでしたが、首相擁立には派閥間の論理が大きく作用していました。

一方、海部の後を受けて首相となった宮澤喜一は、1980年代半ばに竹下登、安倍晋太郎と並んで自民党の「ニューリーダー」と目されていた人物です。

竹下は1987年に首相の座に就き、宮澤も首相になったわけですから、リクルート事件で一時的に表へ出てこなくなっていたにせよ、派閥が力を持っていた当時の自民党内における権力継承の構図がここでも見えてくるのではないでしょうか。余談ですが、竹下は最近の若い方にとって、元首相というより、人気タレント・DAIGOの祖父としての方が、なじみがあるかもしれません。

ニューリーダーの残りの一人である安倍は、現在の安倍晋三首相の父です。安倍も順調にいけば総理の座は約束されていたようなものなのですが、悲運なことに宮澤が首相となった1991年、病でこの世を去っています。

戦後の内閣総理大臣一覧（43代～70代）

代	内閣総理大臣	期間・日数	備考
43	東久邇宮稔彦王	1945年8月17日～1945年10月9日	皇族
44	幣原喜重郎	1945年10月9日～1946年5月22日	日本進歩党総裁
45	吉田茂	1946年5月22日～1947年5月24日	日本自由党総裁
46	片山哲	1947年5月24日～1948年3月10日	日本社会党委員長
47	芦田均	1948年3月10日～1948年10月15日	民主党総裁
48	吉田茂	1948年10月15日～1949年2月16日	民主自由党総裁
49	吉田茂	1949年2月16日～1952年10月30日	民主自由党総裁
50	吉田茂	1952年10月30日～1953年5月21日	自由党総裁
51	吉田茂	1953年5月21日～1954年12月10日	自由党総裁
52	鳩山一郎	1954年12月10日～1955年3月19日	日本民主党総裁
53	鳩山一郎	1955年3月19日～1955年11月22日	日本民主党総裁
54	鳩山一郎	1955年11月22日～1956年12月23日	自由民主党総裁
55	石橋湛山	1956年12月23日～1957年2月25日	自由民主党総裁
56	岸信介	1957年2月25日～1958年6月12日	自由民主党総裁
57	岸信介	1958年6月12日～1960年7月19日	自由民主党総裁
58	池田勇人	1960年7月19日～1960年12月8日	自由民主党総裁
59	池田勇人	1960年12月8日～1963年12月9日	自由民主党総裁
60	池田勇人	1963年12月9日～1964年11月9日	自由民主党総裁
61	佐藤栄作	1964年11月9日～1967年2月17日	自由民主党総裁
62	佐藤栄作	1967年2月17日～1970年1月14日	自由民主党総裁
63	佐藤栄作	1970年1月14日～1972年7月7日	自由民主党総裁
64	田中角栄	1972年7月7日～1972年12月22日	自由民主党総裁
65	田中角栄	1972年12月22日～1974年12月9日	自由民主党総裁
66	三木武夫	1974年12月9日～1976年12月24日	自由民主党総裁
67	福田赳夫	1976年12月24日～1978年12月7日	自由民主党総裁
68	大平正芳	1978年12月7日～1979年11月9日	自由民主党総裁
69	大平正芳	1979年11月9日～1980年6月12日	自由民主党総裁
70	鈴木善幸	1980年7月17日～1982年11月27日	自由民主党総裁

戦後の内閣総理大臣一覧（71代〜97代）

代	内閣総理大臣	期間・日数	備考
71	中曽根康弘	1982年11月27日〜1983年12月27日	自由民主党総裁
72	中曽根康弘	1983年12月27日〜1986年7月22日	自由民主党総裁
73	中曽根康弘	1986年7月22日〜1987年11月6日	自由民主党総裁
74	竹下登	1987年11月6日〜1989年6月3日	自由民主党総裁
75	宇野宗佑	1989年6月3日〜1989年8月10日	自由民主党総裁
76	海部俊樹	1989年8月10日〜1990年2月28日	自由民主党総裁
77	海部俊樹	1990年2月28日〜1991年11月5日	自由民主党総裁
78	宮澤喜一	1991年11月5日〜1993年8月9日	自由民主党総裁
79	細川護熙	1993年8月9日〜1994年4月28日	日本新党代表
80	羽田孜	1994年4月28日〜1994年6月30日	新生党党首
81	村山富市	1994年6月30日〜1996年1月11日	日本社会党委員長
82	橋本龍太郎	1996年1月11日〜1996年11月7日	自由民主党総裁
83	橋本龍太郎	1996年11月7日〜1998年7月30日	自由民主党総裁
84	小渕恵三	1998年7月30日〜2000年4月5日	自由民主党総裁
85	森喜朗	2000年4月5日〜2000年7月4日	自由民主党総裁
86	森喜朗	2000年7月4日〜2001年4月26日	自由民主党総裁
87	小泉純一郎	2001年4月26日〜2003年11月19日	自由民主党総裁
88	小泉純一郎	2003年11月19日〜2005年9月21日	自由民主党総裁
89	小泉純一郎	2005年9月21日〜2006年9月26日	自由民主党総裁
90	安倍晋三	2006年9月26日〜2007年9月26日	自由民主党総裁
91	福田康夫	2007年9月26日〜2008年9月24日	自由民主党総裁
92	麻生太郎	2008年9月24日〜2009年9月16日	自由民主党総裁
93	鳩山由紀夫	2009年9月16日〜2010年6月8日	民主党代表
94	菅直人	2010年6月8日〜2011年9月2日	民主党代表
95	野田佳彦	2011年9月2日〜2012年12月26日	民主党代表
96	安倍晋三	2012年12月26日〜2014年12月24日	自由民主党総裁
97	安倍晋三	2014年12月24日〜	自由民主党総裁

ニューリーダーの3人は、それぞれ竹下派、宮澤派、安倍派の領袖でした。竹下派は保守本流の田中派の流れを汲み、宮澤派は鈴木派（大平派）、安倍派は福田派という派閥の流れを引き継いでいます。そしてこれらの派閥を率いていたのが、1970年代から1980年代初めにかけてそれぞれ首相を務めた田中角栄であり、福田赳夫であり、鈴木善幸の3人でした。

中曽根康弘という人

さて、竹下、宮澤、安倍の3人は「ニューリーダー」と呼ばれたわけですが、何に（誰に）対してニューであったのかというと、1980年代に首相を務めた中曽根康弘です。1982年11月から1987年11月までほぼ5年間、1806日にわたって長期政権を築きました。戦後の首相で中曽根よりも長く首相の座に就いていたのは、佐藤栄作（2798日）、吉田茂（2616日）、小泉純一郎

（1980日）の3人だけです。

最近の政治家は小粒になったとしばしば言われ、確かにその面は私も強く感じますが、では「昔」の時代で最後の大物政治家は誰だったのかといえば、この中曽根であったかもしれません。

1980年、米国大統領に保守強硬派のロナルド・レーガンが就任し（英国首相もこの時期は保守強硬派で〝鉄の女〟と呼ばれたマーガレット・サッチャー）、東西の冷戦が新局面を迎えていたこの難しい時代、日本の舵取りを担ったのが中曽根でした。

太平洋戦争中は海軍に従軍して前線参加した経歴を持ち、首相として戦後初の靖国神社公式参拝を決行（1985年8月15日）したり、憲法改正をライフワークと主張するなど「タカ派」と評されていた政治家です。ちなみに、タカ派は猛禽の「鷹」のように強硬な政治信条を持つ人、反対のハト派は「鳩」のように穏健な考えを持つ人を意味しています。自民党の保守本流はどちらかというとハト派的傾向の強い流れをたどってきました。

中曽根は、レーガン大統領と「ロン」「ヤス」と呼び合い親密さをアピールするなどパフォーマンスに長けていましたが、一方ではそのタカ派傾向の表れか「日本は単一民族国家」「日本は不沈空母」といった問題発言もたびたび聞かれました。

新保守主義・新自由主義の色合いを濃く持っており、評価は当時も今も分かれるところがあるのですが、固い信念と行動力で冷戦時代末期の日本を引っ張っていったのは事実です。当時の日本の政治家としては身長が高く、サミットで欧米各国首脳と対等に並ぶ姿には、確かに大きな存在感が漂っていました。

また、タカ派とはいいながら、靖国神社公式参拝への中国の反応に配慮して翌年以降は自粛するなど、自らの信念よりも国の利益を考え、現実的な対応をその都度見せる柔軟な面も多々ありました。

持論の憲法改正も首相在任中には封印していましたが、これも時代に応じて国の利益を冷静に考えた上での知恵と言えるでしょう。今、安倍政権が脇目もふらずに憲法改正を推し進めているのとは大きな違いがあります。

さらには行財政改革にも力を入れ、国鉄、電電公社、専売公社の民営化も実行しています。ＪＲ、ＮＴＴ、ＪＴ（日本たばこ産業）は、中曽根政権時に誕生したものでした。


中曽根は、１９７０年代の自民党内の五大派閥の一派閥・中曽根派のトップでした。他の４つの派閥は田中派（田中角栄）、福田派（福田赳夫）、大平派（大平正芳）、三木派（三木武夫）で、各派閥のトップは自民党の有力者として「三角大福」と呼ばれていました。この４者に中曽根を加えて「三角大福中」と呼ばれることもありました。

５番目に位置していた中曽根は、途中までは他の４人の有力者からやや離された存在でした。中曽根自身は自民党総裁選（実質的な首相選び）のたびに、今回はこの有力者、次はこの有力者というように風を見て動いていたため「風見鶏」などとも呼ばれていました。

その姿勢が影響したのか、五大派閥のトップの中で実際に総裁（首相）になれたのは最後でした。

自民党政権は中曽根の前の時代までハト派的傾向の保守本流が強かったのですが、現在の安倍政権は憲法改正を志向していることもあり、タカ派です。今日につながるタカ派的傾向は、この中曽根政権に始まるという見方があります。

いま再びブームになる田中角栄

中曽根の前の大物というと、やはり誰もが挙げるのが田中角栄です。最近はちょっとしたブームになっているようなので、テレビなどで見て知っている若い世代の人も多いかもしれません。

田中角栄は日本の政治史全体を見渡しても、特筆すべき大物という評が固まった人物であると言えます。中曽根が自民党内の有力者の立場でありながらもなかなか首相になれなかったのは、この田中角栄にあまり好かれていなかったという事情が大きかったようです。

田中と中曽根は同じ1918年5月に生まれ、国会議員としても1947年の同期当選。何かとライバル関係にあった両者でした。ただし田中が後述のように高等小学校卒という学歴であったのに対し、中曽根は東大法学部卒。

また生家も、中曽根は裕福な材木問屋でしたが、田中は貧しい農家の生まれ。中曽根はタカ派ですが田中はハト派と、様々な面で二人は対照的でした。

田中は第1章で触れたロッキード事件に絡んで逮捕されたほか、その後の金権政治の流れを形作った田中派のドンという立場もあり、1980年代から1990年代にかけては負のイメージで語られることが多かった政治家です。ところが昨今の政治家小粒化と言われる時勢にあって、負の部分は負として認めつつも、その豪快かつ緻密な政治手腕に対する見直し論が出てきている点で注目です。

田中は1972年7月、「決断と実行」のスローガンを掲げて54歳で首相に就任します。大正生まれの首相は田中が初めてでした（つまりそれ以前の首相は明治時代か江戸時代の生まれ）。「庶民宰相」と呼ばれ、聞く人たちを惹きつける秀でた演説力も相まって、就任当初は国民の高い支持率を誇っていました。

しかしながら、金権政治（カネの力で動かす政治）に対する批判が高まる中でファミリー企業が関わる土地スキャンダル「田中金脈問題」が報じられ、立場を危うくした田中は、在任わずか2年5カ月で1974年12月に首相の座を去ります。さらには退任後、ロッキード事件が明るみに出て、田中は一気に「犯罪者」へと変容していったのです。

首相在任中の大きなトピックとして挙げられるのは「日中国交正常化」と「日本列島改造論」でしょう。

1972年9月の日中国交正常化は、戦後、台湾（中華民国）を「中国」とする外交を展開してきた日本が、大陸の共産党政権（中華人民共和国）へと「中国」を切り替えた大きな転換点でした。

国連の「中国」の議席が中華民国から中華人民共和国へと改められ、同年2月にはリチャード・ニクソン米大統領が電撃訪中するなど、世界的な流れも日中国交正常化を後押ししましたが、田中ならではの決断力と実行力があったからこそ早期に実現した面があることも否定できません。ちなみに、意外と知られていないことですが、日本と台湾はこのとき断交して以来、今でも正式な国交は結んでいません。

日本列島改造論は、田中が自民党総裁選を前に発表した政権構想で、全国を高速道路や新幹線などの高速交通網や情報通信網でつなげることにより、都市への集中を解消し、地方の工業化を推進しようというものです。

結果的には土地の買い占めを原因とする地価高騰と過度なインフレによる物価

上昇につながり、1973年に起きた第1次オイルショックの影響も受けて、「狂乱物価」とも称される経済の混乱を招きました。

そのほか、資源エネルギー政策にも積極的に取り組み、オイルショックをきっかけに石油依存から脱却することを目指して原子力発電を推進したのもこの田中でした。

功罪、評価が極端に分かれる

田中の評価は現在でも極端に分かれるところがあります。その政治力や実行力、発言力、カリスマ性、そして日中国交正常化などの業績を評価する向きもあれば、若い頃から「カネ」を武器に権力の座へ駆け上がり、首相退任後も「カネ」で政界を牛耳った点から政治腐敗の権化と見る向きもあります。

いずれにせよ影響力はきわめて甚大で、実際、田中以降しばらくの間、自民党は「田中派支配」とさえ言われたほどでした。1993年に非自民の細川連立政権が誕生した際も、中心にいて主導したのは田中派にルーツを持ち、自民党から飛び出た小沢一郎、羽田孜ら新生党のメンバーたちでした。中でも小沢は田中角栄直系とも言える人物です。

功罪ともに様々な面がありますが、今の政治家との比較で言えば、とにかく勉強家であったことが挙げられるでしょう。

自民党に限らず政界の有力者は、今も昔もやはり東大をはじめとする有名大学卒業者が多いのですが、新潟出身の田中の公式な最終学歴は高等小学校(今で言う小学校高学年~中学校前半)。卒業後は東京に出て働きながら、土木の学校や商業学校で学んでいます。

学歴だけを見れば他の有力議員に見劣りするのですが、そのぶん必死に勉強し、持ち前のアイデアも活かして、建築・インフラ・国土開発などの分野を中心に多数の議員立法を提出します。日本では政府（内閣・官僚）が提案する法案が一般的であるのに対し、田中は立法府のメンバーたる国会議員こそが法案作成の主体となるべきだと考えたのです。議員立法の法案を次々と提出し、巧みな話法を駆使して答弁にも立ち続けました。

戦後の独立回復以降、米国主導の体制に甘んじている日本の立ち位置に危機感を抱き、独自の資源外交を展開したところや、「政治は国民全体のためにある」「自民党なんかつぶれたっていい、日本がつぶれなければいいんだ」などと常々表明していたところにも、何より「日本」を考える田中の姿勢が表れていると言えます。

「政治は力だ。力は数だ」と言い放ち、カネに頼って人を集めて権力を獲得するなど、手法やスタイルには異論もあるでしょうが、少なくとも田中からすれば「日本という国のことを第一に考え、日本のためになる政策を優先的に実行してきた。そのためにカネが必要だった……」ということなのでしょう。

日本列島改造論という政策とそれを実現するための強引な手法は、公共事業を通じて国会議員と官僚、建設会社などが癒着する体質を浸透させ、その後の自民党の田中派支配を確実なものとしました。度を越した地元への利益誘導も生み、田中金脈問題がすっぱ抜かれ、最後はロッキード事件へと転がっていく中で、田中は金権政治のシンボル的な存在になってしまいました。

カネにまみれたダーティーな部分は、言うまでもなく受け継ぐ必要はありません。今の政治家が田中角栄から学べるものがあるとすれば、とにかく必死に勉強することと、官僚任せではなく国会議員が国の政治を主導していくための決断力・行動力・バイタリティーでしょう。

田中が議員生活で成立させた議員立法の法案は33にも上りますが、この数は戦後の国会史を通観しても突出したものです。

これらの力は、時代が変わろうとも、より良き政治を行うために必須のものであると言えるでしょう。

吉田茂と保守の本流・傍流

田中派は、田中角栄の直前に首相を務め、日本初かつ唯一のノーベル平和賞受賞者でもある佐藤栄作の流れを汲んでいます。さらにその源流は、戦後の混乱・復興期に長期政権を担った吉田茂にさかのぼる、自民党の保守本流です。

吉田は、終戦直後の東久邇宮稔彦内閣とその後の幣原喜重郎内閣で外務大臣を務め、終戦翌年の1946年5月に首相に就任しました。

社会党を中心とする連立内閣の片山哲内閣、民主党の芦田均内閣（昭和電工事件で総辞職）を挟んで、1948年に再び首相の座に就くと、1954年まで政権を維持し、その間、1951年調印のサンフランシスコ平和条約で日本の主権を回復、国際舞台への復帰を主導した人物です。

俗に「ワンマン体制」と呼ばれるほどの権力を確立し、社会党議員に対して「バカヤロー」と発言したことがきっかけとなった「バカヤロー解散」でもよく知られています。

吉田のもとで、佐藤栄作や田中角栄、佐藤内閣で官房長官などを務めた保利茂、佐藤内閣や田中内閣で重要閣僚となった愛知揆一、橋本龍太郎元首相の父である橋本龍伍、小沢一郎の父・小沢佐重喜などなど、その後の日本の政治を陰に日向に支えることになる数多くの政治家が育ちました。佐藤の前の首相で所得倍増計画を打ち出した池田勇人も同じく吉田門下であり、いずれも保守本流に位置する政治家です。

終戦後の混乱期、それまでの多くの政治家が公職追放を受けた関係で政界の人材育成が急務となりましたが、その役割を果たしたのが「吉田学校」です。吉田のもとに集った若き政治家たちが作り上げたグループが、吉田体制を支えるとともに、政治のイロハについて学べる貴重な場ともなりました。この吉田学校は、後の自民党派閥の源流になったと言えます。

自民党は、1955年に自由党と民主党という保守政党2党が「保守合同」することで結成されました。大きく分けると自由党（吉田）の流れを汲むのが保守本流、民主党（鳩山一郎）の流れを汲むのが保守傍流と言われます（鳩山一郎は鳩山由紀夫元首相の祖父です）。

先ほども書いたように、吉田学校から出てきた保守本流はハト派的傾向が強く、保守傍流はタカ派色が濃くなっています。この保守本流・傍流が、その後の自民党の多様な派閥へと展開していくことになります。

佐藤栄作につながる保守本流

佐藤栄作は、現在の安倍晋三首相の祖父にあたる岸信介の実弟です（安倍首相の父の晋太郎は、岸信介の娘婿です）。

岸は戦前から満州国の開発などで活躍し、極東国際軍事裁判（東京裁判）ではA級戦犯被疑者ともなった人物ですが、戦後、米国の意向もあって公職に復帰後は首相も務めました。いわゆる60年安保時の首相が彼です。

その弟である佐藤は、1964年11月から1972年7月まで7年8カ月に及ぶ戦後最長、かつ連続したものとしては歴代最長の政権を築きました。沖縄・小笠原の返還を実現し、「核兵器を持たず、作らず、持ち込ませず」のいわゆる非核三原則を表明したこともあって、日本人で初めてのノーベル平和賞を受賞しています。

しかし、在任中に核持ち込み疑惑のある米原子力空母エンタープライズが佐世保に入港していますし、ベトナム戦争では米軍を全面的に支持し、日本に寄港する原子力空母の艦載機がベトナム北爆に向かうことを事実上容認。沖縄返還に関してもアメリカと核持ち込みの密約があったことが後に明らかになっており、〝ノーベル平和賞〟とは正反対のエピソードに満ちていたのも事実です。

在任中はベトナム戦争の時期と大きく重なります。佐藤の国民的人気はけっして高くはなく、「黒い霧事件」と呼ばれる政界スキャンダルに見舞われ、さらには先のエンタープライズ入港阻止闘争を含むベトナム戦争反対運動や70年安保闘争も頻発して騒然とした時代でした。

ところがちょうど高度経済成長期のまっただ中という時代の幸運に加え、河野一郎をはじめとする有力なライバルが次々と世を去ったこともあって、異例の長期政権を成し遂げることができたのです。

佐藤栄作退任後の首相の座は、田中角栄と福田赳夫が争いました。実に激しい権力闘争であったため、「角福戦争」と呼ばれています。田中も福田も佐藤内閣で党幹事長を務めていますから、佐藤の後継としての資格は十分でした。

総裁選には「三角大福」の4人（三木、田中、大平、福田）が名乗りを上げましたが、中曽根は出馬せず田中支持に回りました。これで田中が優位に立ち、佐藤の後継総裁＝首相の座を勝ち取ったのです。佐藤―田中とハト派の保守本流の系譜がつながることとなりました。

一方の福田は、鳩山―岸とつながる保守傍流で、タカ派傾向があります。総裁選では佐藤内閣で官房長官や建設大臣を務めた保利茂、防衛庁長官・農林大臣を務めた松野頼三、園田派を率いた園田直らに支持されましたが、佐藤後継では中曽根の動きもあって田中に敗れ、後に改めて首相を目指すこととなります。

「保守の知恵」とは

さて、2013年に出版された書籍『保守の知恵』は、私が評論家の佐高信さんと対談した内容をまとめたものです。

2013年といえば第2次安倍政権が発足した翌年、そして2006年は小泉政権から第1次安倍政権にバトンタッチされた年です。つまりこの7年は、途中で3年3カ月の民主党政権を挟み、「安倍から安倍へ」の7年であるとも言えます。

「昔」の保守政治家たちは、国民に対する犠牲的な精神がまずベースにあり、そのうえで〝保守の知恵〟なるものを持ち合わせていたというのが私の考えです。『保守の知恵』の中で、私は「保守の知恵というのは、解決できないことを両者がどうにか平和裡に共有し合って、事態を乗り越えていくということ」と述べています。

つまり、状況を大局的に見て、困難を解決するためには反対の立場にも理解を示し、状況に応じて協力を要請する懐の深さ。かつての保守政治家には、多かれ少なかれそうした資質がありました。

「今」の政治家の多くに見られるように、この「解決できないことを両者が平和裡に共有すること」ができず、合理主義や原理主義、あるいは対立する意見を寄せ付けない強硬な態度ですべてを解決しようとする姿勢が、そもそも本物の保守とは呼び難い傲慢さにつながっていくのです。

「日本のため」という大局に立てる政治家はいるのか

日中国交正常化の前年（1971年）、佐藤内閣のときですが、革新系の立場から「ストップ・ザ・佐藤」を掲げていた美濃部亮吉東京都知事に対し、佐藤内閣の官房長官である保利茂が、有名な「保利書簡」をひそかに託したことがありました。美濃部の訪中のタイミングに合わせたものですが、美濃部自身は革新系ですから、保守の佐藤政権や保利とは政治的志向がまったく異なります。

この書簡は日中関係の打開を目指し、時の中国の実力者である周恩来首相に宛てたものです。

保利が中国への書簡を美濃部に託したことを知った佐藤は、美濃部は政敵であるにもかかわらず「あなたに迷惑がかからないか」と立場を慮っていたと言います。それに対して美濃部も、国家の大事を成し遂げるために「そんなことは小さいことだ」と応えたのです。

結果的にこの大胆な試みは功を奏しませんでしたが、この時代は政治家が自分たちの立場を超えて大きな役割意識をきちんと持っていたことは確かです。

1970年代はまだまだ革新系が元気で、保守の歴代自民党政権にとっても革新の存在は無視できません。目指す方向性が違うからといって頭から否定して対決するのではなく、「日本のため」という大局を考える際には、革新の立場にも気を遣い、保革のバランスを取った現実的な政策を模索してきたと言えます。

1980年代後半、田中派から独立することで最大派閥に躍進した竹下派の会長となり、〝政界のドン〟とも呼ばれた金丸信も「国家国民のために、一致点を探る」と言っています。金丸は後に東京佐川急便からのヤミ献金疑惑で失脚しますが、「保守の知恵」は彼の中にも連綿と流れていたと言えるでしょう。

2012年の民主党・野田佳彦政権下における尖閣諸島国有化の際は、このような大事に臨む役割意識が政治家たちの中になかったため、中国との間であらかじめ地ならしをすることもなく、ひたすら強硬に国有化を進めてしまいました。野田首相の中に、佐藤内閣時の保利書簡を政敵の美濃部に託したような知恵があれば、また違う展開が生まれ、今日ほどの日中の対立はなかったのではないかという残念な思いもあります。

２０１６年３月に野党第一党の民主党と維新の党が合流し、新たなる野党第一党として民進党が誕生しました。現在は客観的に見て自民党のみが国会に多数の議席を有する「一強多弱」の時代ですから、野党の側としては自民党に対抗するために、協力できるところは協力を進めていく必要があるでしょう。

民進党をはじめとする保守系野党にかつての自民党のような「保守の知恵」が生まれるのかどうか、また与党・自民党も憲法改正などタカ派的志向ばかりに硬直せず、大局的な「日本」のために多様な立場の意見を拾っていくことができるのかは、「昔」の政治家と「今」の政治家の違いを見る上でも注目ポイントと言えます。

戦争を知らないリスク

もう一点。昔の政治家と今の政治家で決定的に違う部分がひとつあります。

それは、戦争の怖さを知っているかどうか、です。

2016年は、第二次世界大戦の敗戦から71年。当然のことながら現在70歳前後より下の世代の議員は、戦争を実体験として知らないわけです。

ちなみに安倍首相は現在（2016年5月末時点）61歳。現内閣（第3次安倍改造内閣）の閣僚で最年長は麻生太郎財務相・副総理の75歳です。それでも終戦時に5歳ということは、物心はついていたでしょうが、戦争の怖さを知っているとまでは言えないかもしれません。

安倍首相を含めた閣僚20人のうち、終戦前に生まれていたのはこの麻生財務相と森山裕農水相（71歳）の2人のみです。

今後の内閣は、間違いなく終戦前に生まれた世代がゼロとなっていくのです。もちろん戦争体験者が閣内にいないことは、生まれた年、生まれた時代の問題ですので、そのこと自体には何も問題はありません。ということは、戦争の実体験がないからこそむしろ、国を動かす人間として、「戦争の怖さ」を積極的に意識し、知ろうとすべきでしょう。

第1章で旧自民党派閥の「教育の場」としての役割について書きましたが、それは長老や先輩議員の知恵や経験を伝える場でもありました。いわばそれは、政治家養成塾としての機能を有してもいたのです。

世代がズレれば、特定の世代特有の経験をできないのは仕方ないところですが（今の若者に「なぜ戦争時代を経験していないんだ」と責めても意味がないのと同じことです）、そういうことは実際に経験してそこから知恵を汲み上げた長老や先輩たちに聞けばいいのです。

ところが現在の自民党ではかつてのような派閥が力を持っておらず、党としてそのような知恵を伝える場も設けていないため、結果的に「何も知らない」＝品格を失った議員が次々と生まれてしまうわけです。

佐藤栄作がまだ40代と若い頃、吉田内閣に官房長官として抜擢されました。当時の佐藤はまだ国会議員ですらなく、政治のこともよく知りません。何をどうすればいいのかと右往左往する佐藤に、吉田は「長老の松野鶴平に聞きに行け」と言ったそうです。

松野は戦前から活躍していた政治家で、当時は公職追放処分を受けているところでした。その後の自民党の派閥における教育にも通じますが、「年寄り」を暇にさせず、その貴重な経験を聞くことで大局的な勉強ができたのも「吉田学校」の良い点であったと言えます。

昔の政治家に学ぶ姿勢

現在の政治家が、世代の限界で戦争を知らないのは仕方のないことですが、それ以前に1章で触れたような理由で、政治も法律も不勉強ですし、国民の暮らしも、地方の現状も、歴史も不勉強な議員がいます。

もちろん繰り返すように、先輩の知恵を伝える場がないのは彼らのせいとは言えず、不運としか言いようがありません。しかし、そうであるなら自ら進んで、単に机上の原理的な理論だけでなく、党外の経験者に話を聞くなどして、実際的で大局的な学びをぜひとも進めてもらいたいと思います。

そうして初めて、信念は信念、理想は理想としつつも、実際に即した柔軟な対応ができるようになる。それこそが政治です。信念や理想だけを追いかけると、結果的に間違った判断をするものです。

政治は自分一人で進められるゲームではなく、必ず相手があり、多数の利害関係者がいるものなのです。強引に強硬に推し進めるのではなく、関わる相手の、そして国民の気持ちを考えることが政治家には何よりも大切であり、そのことを「昔」の政治家は教えてくれるのです。

1980年代後半から1990年代にかけての自民党政権で官房長官などの要職を務め、党幹事長の重責を担ったこともある梶山静六は、当時、最大勢力となった竹下派の〝七奉行〟の一人とされていました。

竹下派七奉行には、ほかに小渕恵三、橋本龍太郎、羽田孜という後の首相3人や、政界のフィクサーとして非自民の細川政権樹立を実現した小沢一郎らがいて、そうそうたる顔ぶれでした。

その梶山は、「政治の世界は義理と人情とやせ我慢」が口ぐせだったと言われています。

義理と人情などと言うと、もはや時代遅れのものと聞こえてしまうでしょう。

しかしこれこそが、昔の政治家にあって、今の政治家にないものなのかもしれません。言い換えれば、義理と人情とやせ我慢は、「保守の知恵」につながるものであるのかもしれないのです。

昔の政治家は、田中角栄を筆頭に汚職がセットとなっているケースが多く見られますし、確かにダーティーなイメージがつきまとっています。お世辞でも「クリーン」とは言えないでしょうし、彼らの業績を手放しで賞賛することもできません。

いまさら何が田中角栄だ、何が吉田茂だという声も聞こえてきます。

しかし、歴史を知らない者は現在も未来も知ることができません。「昔の政治家が素晴らしい」ではなく、「昔の政治家が持っていた素晴らしい部分」を、今の政治家もぜひ学び、吸収し、広い視野と深い懐を養って、新しい時代に柔軟に適用していってくれることを私は願います。

第3章

議員の品格を落とした選挙システムの変化

国民の代理役としての議員

第1章でもさらっと触れましたが、日本の政治システムの基本は「代議制民主主義」です。代議制民主主義は「議会制民主主義」とも、「間接民主制」とも言えると書きました。「代表民主制」という言い方もあります。

「代議」とは、「他人に代わって議すること」（「デジタル大辞泉」より）です。「議する」は「集まって互いに意見を出し合う。相談する」（同）という意味ですから、誰かの代わりに集まって議論や相談をすることが「代議」であると言えます。日本は「民主主義」を「代議」という形で実現していく国だということです。

代議制民主主義は議員が国民の代理役を担うので、国民が直接的に政治を行う直接民主制ではなく、間接的に政治を任せる間接民主制（代表民主制）となります。直接的に政治を行うといってもイメージしづらいかもしれませんね。

よく古代ギリシャやローマで市民たちが広場に集まり政治を論じ合っているシーンが例として出されますが、最近の日本の例で言うなら住民や学生の自治会組織のイメージが近いでしょう。

それをイメージすれば想像できるでしょうが、古代ギリシャ・ローマや自治会組織ならいざ知らず、現代の日本という国で国民みんなが一カ所に集まって議論をし、法律を作り、政策を実行するのは不可能な話です。

ですから近代国家は代議制民主主義、間接民主制を採用しています。国民の代理役を担う議員が集まる場所を「議会」というため、議会制民主主義とも呼ばれるわけです。言うまでもありませんが、国会は日本国の議会です。

なお、余談ですが、「代議士」という言葉を聞いたことがあるでしょうか。代議士は衆議院議員を意味しています。参議院議員のことは代議士と呼ばないので、注意してください。理由については後ほど解説します。

議員を決める手続きが選挙

第1章でも書いたように、国民の意思、すなわち民意によって代理役たる議員を決定し、その議員に政治の運営を託すのが代議制民主主義であり、議員を決めるための手続きが「選挙」です。選挙とは、基本的に多数決で選ぶシステムです。

日本の場合、公職選挙は、国会の議員を決める国政選挙と、地方議会（都道府県議会・市町村議会）の議員を決める地方議会選挙、都道府県知事・市町村長を決める首長選挙とがあり、それぞれ方式が異なります。

この章では、国会議員を決める国政選挙の仕組みを中心に説明していきます。国会議員以外を決める、地方議会や首長の選挙については、後ほど第6章で触れます。

ここから解説する選挙制度については、すでにご存じの方も多いでしょうが、初めての国政選挙という若い方もいるでしょうし、1990年代に導入された「小選挙区」「比例代表制」の詳細や定数の変更など、実はよくわかっていない部分もあるかもしれませんので、おさらいの意味で読んでいただければと思います。

変わり続ける国会議員の定数

国会は、日本国憲法第41条で「国権の最高機関であって、国の唯一の立法機関」と規定されています。立法とは法律を作るという意味です。

日本の国会は、「衆議院」と「参議院」の両院制を採用しています。衆議院は「衆院」、参議院は「参院」とそれぞれ略して呼ばれることも多くあります。

ちなみにアメリカは「下院」と「上院」の両院制で、下院が日本の衆議院、上院が参議院に相当します（実際の仕組みはかなり異なります）。

ほかにもイギリス、フランス、ドイツ、オランダ、カナダ、オーストラリアなど先進国の多くは両院制（二院制）をとっています。

ただし、日本やアメリカのように1つの議会が2つの議院に分かれている国と、フランスやドイツのように２つの独立した議会がある国があります。

衆議院と参議院を合わせて「国会」と言います。つまり国会議員と一口に言っても、衆議院の議員（衆議院議員、略して衆院議員）と参議院の議員（参議院議員、略して参院議員）がいるわけです。


議員の定数（定員）は現在のところ、衆議院が４７５、参議院が２４２です。衆参両院合計７１７人の国会議員が、国民の選挙によって選ばれ、国民の代わりに国政（国の政治）を動かしていきます。

「現在のところ」と書いたのは、国会議員の定数はしばしば変わるからです。

衆議院の定数は１９４６（昭和21）年には４６８でしたが、選挙区別人口の変化に対応して定数是正を繰り返し、１９７６（昭和51）年に５１１、１９８６（昭和61）年には５１２まで増えました。さらに１９９３（平成５）年に５１１、１９９６（平成８）年に５００、２０００（平成12）年に４８０となり、２０１

3（平成25）年から現在の475となっています。

一方の参議院も、1947（昭和22）年の第1回通常選挙の250に始まり、1970（昭和45）年に沖縄県の定数2を加えて252となった後、2000年に選挙制度が変更され、現在は242です（衆参両院とも、ここに挙げた以外にも定数の微調整があります）。

ただし衆議院の定数については、つい先頃、2016年5月20日に定数を10減らして465とする改正公職選挙法（公選法）が成立し、早ければ2017年夏以降の選挙から適用されることが決まりました。ちなみにこの465という定数は、戦後最少となります。

一票の格差とは

国会議員の定数は、なぜしばしば変更されるのでしょうか。

近年の変更に関して言えば、大きな理由は「一票の格差」の是正です。

国民（有権者）が選挙で投じる「一票」は、原則として同じ一票の価値を持っているべきです。ところが大都市圏に人口が集中、反対に地方では人口減少と過疎化が進み、都市部と地方の人口格差が開くことで、投票する地域によって一票の価値にも著しい格差が生まれてしまいました。

言い換えれば、本来同じであるべきはずの一票の重みが地域によって違うという不平等が生じてしまう事態になったわけです。

たとえば、有権者の人口が10万人のA選挙区と、20万人のB選挙区があるとします。もしこのA、Bの選挙区がともに定数1（1人の議員を選ぶ）だとしたら、議員1人当たりの有権者数はA選挙区が10万人、B選挙区が20万人となり、A選挙区の有権者の一票の方がB選挙区の有権者の一票よりも重みがある（価値が大きい）ことになります。

単純計算すれば、A選挙区の有権者の一票はB選挙区の有権者の一票の2倍の価値があり、逆から見るとB選挙区の一票はA選挙区の一票の2分の1しか価値がないことになってしまいます。

この「格差」があまりにも大きい状況では、憲法第14条で保障された「法の下の平等」と現状がそぐわない、つまり違憲状態であるということになります。

また、都市部に比べて地方の方が高齢者の割合が多いことから、その地方の一票の価値が都市部より高いとすると、総合的に見て若い世代よりも高齢者に寄った意見の方が多く取り上げられる可能性もあります。


こうした一票の格差は以前から見られたのですが、とくに衆議院の選挙制度として「小選挙区制」が導入された１９９０年代中盤以降に顕著になってきました。

たとえば前回２０１４年の衆議院議員選挙（衆院選）で有権者の数が最も多かった東京1区（約49万人）と最も少なかった宮城５区（約23万人）を比べると、一票の価値の格差は2倍以上に達し、東京1区の有権者の一票は宮城５区の

「0・5票以下」になっているのです。

このため弁護士グループなどから幾度も訴訟が提起され、2011年の最高裁判所の判決では、最大格差が2・30倍に達した2009年の衆院選が「違憲状態」だと指摘されました。

衆院「0増10減」へ

その後も最高裁は、2012年衆院選（最大格差2・43倍）、2014年衆院選（同2・13倍）をそれぞれ違憲状態であると指摘し、そのたびに国会でも一票の格差を是正するための取り組みが進められてきました。

それらの取り組みに応じて、衆議院の定数も変化していきます。

1986年に衆議院の定数は512まで増えたと書きましたが、ここをピークに以降は減少。1992年には「9増10減」（定数を増やす選挙区が9、減らす選挙区が10で、差し引きで1減）により511に、2002年に「5増5減」（差し引きでは変わらないが一票の重みが軽い選挙区の定数を5増やし、重い選挙区の定数を5減らす）。

その後も2013年に「0増5減」による定数削減を実施し、さらに先ほど書いた2016年5月の公選法改正で「0増10減」により465とすることが決まったわけです。

一票の格差の問題は衆議院だけでなく参議院にもあり、一票の重みが軽い選挙区の定数を増やし、重い選挙区の定数を減らす取り組みが行われています。

では、一票の格差は、どのようにして解消すればいいのでしょうか。

各地域の人口に完全に比例させ、大都市圏で選出される議員数を大きく増やし、地方では大きく減らせばいいじゃないか……そんな声が聞こえてきます。

もちろんそういった手もあります。安易ではありますが、一票の格差の倍率を平らにならすためには確かに効果的でしょう。

ただし、そうした場合、国会が大都市圏出身の議員ばかりになります。地方の事情に精通し、農林水産業にも詳しい議員が減ってしまうかもしれません。国政は都市部のためだけでなく、日本全国のためにあるのですから、都市偏重の政策のみが進められるようになっては困ります。

そこで選挙区ごとの定数を、さまざまな計算方式を取り入れることでなるべく平等に近づくように調整を進めていますが、根本的な解決にはまだ至っていません。

最近話題になっているのが「アダムズ方式」です。米国第6代大統領ジョン・クインシー・アダムズが提唱したとされる計算方式で、現行の制度よりも各都道府県の人口比を正確に反映させやすくなると言われています。ただし、アダムズ方式は２０２０年の国勢調査に基づいて導入されることに決まったので、衆院選でアダムズ方式を適用できるのは２０２２年以降になるようです。

実は「一票の格差」は、ここで挙げた選挙区による一票の重みの違い以外にも、議員の品格の劣化に関わる大きな問題をはらんでいると私は考えています。その点については本書の大きなテーマにもつながるわけですが、まずは国会や選挙制度の説明を一通り済ませてから続けることにしましょう。

両院制のメリットとデメリット

具体的な選挙制度の話に入る前に、国会についておさらいしておきます。

日本の国会には衆議院（衆院）と参議院（参院）があると書きました。なぜ国会に2つの院があるのでしょうか。

先進国の多くは同様の両院制を採用していることも書きましたが、同じような議会制民主主義をとっていても、国によっては一院制、つまり衆議院・参議院や上院・下院のように2つに分かれていないところもあります（韓国、台湾、北欧諸国、ポルトガル、ニュージーランドなど）。

国会が2つの院に分かれているメリットとしては、

- 衆議院と参議院の双方で審議できるため国民の多様な意見を反映できる
- 衆議院の審議に過誤があったときに参議院でストップをかけられる
- 衆議院が拙速な審議を行った場合でも参議院で慎重な審議を実現できる
- 立法府がひとつの機関に集中することを避けられる

などが挙げられます。衆議院の暴走に対して参議院がチェック機関になる、という見方です。そのため参議院は「良識の府」とも言われます。

一方、デメリットとしては、

- 衆議院と参議院の多数勢力が異なる場合に法案が成立しにくくなる（ねじれ国会）
- 衆議院と参議院の多数勢力が同じ場合に必要以上に時間がかかり非効率

などがあります。

衆議院と参議院

衆議院	比較	参議院
475人 (選挙区295、比例代表180)	定数	242人 (選挙区146、比例代表96)
4年	任期	6年(3年ごとに半数を改選)
満18歳以上	選挙権	満18歳以上
満25歳以上	被選挙権	満30歳以上
全国295の小選挙区	選挙区	都道府県単位を基本とし、改選ごとに1〜6人を選出
全国11ブロック	比例代表	全国統一
あり	解散	なし
あり	内閣不信任	なし

明治時代から第二次世界大戦終戦直後までの大日本帝国憲法下でも、帝国議会(大日本帝国憲法における国会)は2つに分かれていました。ただし、参議院が設けられたのは戦後の日本国憲法下であって、帝国議会では衆議院と貴族院の両議院で構成されていました。

衆議院は今と同じように選挙で選ばれた国民の代表により構成されていましたが(選挙権・被選挙権の条件は現在とはかなり異なります)、貴族院は皇族や華族(貴族階級のこと)などが議員の地位に就いていました。また、貴族院議員は非公選、すなわち一般国民が選挙で選ぶことはできませんでした。

戦後、華族制度がなくなり、貴族院に代わって新憲法で参議院が設置されることになったのです。議員の選び方も、衆議院と同じく国民の代表を選挙で決める形になりました。

衆議院議員を代議士と呼ぶのは、この大日本帝国憲法時代の名残です。前述のように当時は衆議院のみが公選で、貴族院は非公選でしたので、衆議院議員だけが代議士と呼ばれていました。

その影響で、貴族院の流れを汲む参議院議員は公選となった現在も、代議士とは呼ばれないわけです。

参議院に対する「衆議院の優越」

法案は衆議院と参議院の両方で審議を行い、採決（賛否を問うこと）し、多数決で可決した場合に法律として成立します。

しかし、衆議院と参議院では役割が異なる部分があります。というのも、国会には「衆議院の優越」という概念があるのです。

法案を審議・採決するのは衆議院も参議院も同様ですが、

- 内閣総理大臣（首相）の指名
- 予算の議決
- 条約の承認

といった重要事項については、衆議院と参議院で結論が異なった場合（衆議院で可決、参議院で否決の場合）や、参議院が採決を30日以内（首相指名は10日以内）に行わない場合、衆議院の決定を優先して国会の議決とします。これが衆議院の優越の一例です。

また、一般的な法案の議決においても、

- 衆議院で可決した法案を参議院で否決した場合、衆議院に差し戻して出席議員

の3分の2以上で再可決すれば法案が成立する

●衆議院で可決した法案を参議院に送付して60日以内に参議院が採決を行わない場合、参議院が否決したとみなすことができる（みなし否決）

といった優越性が認められています。

ただし、このような仕組みはあるのですが、いつでも衆議院の言うことだけをそのまま通しているのでは参議院の存在意義が問われかねないため、一般法案に関しては常にこの仕組みを利用するというわけではないようです。

ほかにも、衆議院には、

●予算先議権（予算を先に審議する権利。衆議院が先に審議して予算を議決してしまえば、参議院が審議中であっても30日で予算が自然成立します）

●内閣信任決議及び内閣不信任決議

●国会会期の決定（国会会期についての議決が衆議院と参議院で異なる場合、衆議院の議決を採用します）

など、参議院にない優越性が多方面で与えられています。

参議院の存在意義は？

このように、日本国憲法では衆議院の優越性が規定されています。

しかしこれでは参議院の存在意義が薄れてしまいますね。大日本帝国憲法下の貴族院とは異なり、現在の参議院は衆議院と同じように国民の選挙により議員が選ばれるのですから、参議院の意見も国民の意見＝民意です。よって衆議院と参議院で異なる結論が出たとき、衆議院の優越は参議院議員に託した民意が反映されていないと見ることもできるのです。

一方では、現在の参議院議員は衆議院議員と同じように国民の選挙で選ばれているのだから、「衆議院と参議院では一体どこが違うんだ」と疑問を呈する見方もあります。

つまり、現状の参議院には、参議院の独自性が感じられないということです。

そこで、以前から「参議院不要論」なる議論も見られます。

参議院はあっても意味がないのだから、国会は衆議院の一院のみとし、参議院は廃止してもいいのではないかという主張です。参議院の廃止を公約としている政党もあるほどです。

しかし現状では、そのような議論は出てくるものの、実際に参議院を廃止しようという具体的な動きが大勢になってはいません。参議院はその設置が憲法第42条にしっかりと書かれている組織であるため、参議院を廃止するには憲法を改正する必要もあります。

ですから、衆議院だけでなく参議院も、国民の代表が集まって立法を行い、国を動かしていく立場であることに変わりはないわけです。

また、参議院の廃止は一気に数百人の議員が職を失うことでもあり、議員側の反発は必至でしょう。

２０１６年夏には参議院議員選挙が行われます。参議院の意義について、改めて国民一人ひとりが考えるチャンスであるとも言えるでしょう。

国会議員の任期と選挙権

ところで、衆議院と参議院では役割や定数が異なるだけでなく、任期や被選挙権、議員を選ぶ方法すなわち選挙制度も異なります。

衆議院は「小選挙区比例代表並立制」をとっています。これは小選挙区制と比例代表制を合わせて用いる選挙制度ということです。

一方の参議院は、都道府県をひとつの選挙区とする選挙区選挙と全国で統一して行う比例代表選挙を同時に行う選挙制度を採用しています。

衆参両院の選挙制度は、似ているようでいて異なる部分も多々あり、それについてはこの後で詳しく説明します。

参議院議員の任期は6年で、一度議員になると6年間は議員を務め続けます。ただし参議院議員のすべてを6年に1度の選挙で一斉に選ぶのではなく、3年ごとに半数ずつを選びます（憲法第46条）。

つまり現在の定数242であれば、3年ごとに121人ずつを選挙で選び、残りの半数は次の選挙で選ぶことになります。

この3年ごとの選挙のことを「参議院議員通常選挙」（参院選）と呼び、通常選挙で3年ごとに議員を選び直すことを「改選」と呼びます。

なお、通常選挙があるということは通常でない選挙もあるわけで、繰り上げ当選などで当選者を補充できない場合に行う再選挙と、議員に欠員が生じたときに行う補欠選挙がそれにあたります。

参議院議員通常選挙は3年ごとに必ず行われます。

2016年6月19日より施行された選挙年齢の引き下げによって、参議院議員の選挙権（候補者に投票する権利）を有するのは「日本国民で年齢満18年以上の者」、被選挙権（立候補する権利）を有するのは「日本国民で年齢満30年以上の者」と公職選挙法で定められています。

2016年7月に実施される参議院議員選挙は、選挙権が18歳に引き下げられてはじめての選挙になりました。

衆議院の解散総選挙

一方、衆議院議員の選挙は「衆議院議員総選挙」（衆院選、総選挙）と呼ばれ、参院選とは仕組みが異なります。

衆議院議員の選挙権（候補者に投票する権利）を有するのは「日本国民で年齢満18年以上の者」、被選挙権（立候補する権利）を有するのは「日本国民で年齢満25年以上の者」です。

衆議院議員にも任期はあり、4年となっています。ただし、衆議院は必ず4年ごとに選挙を行うことに決まっているわけではありません。それはなぜかと言えば、実は衆議院にはここまでに書いた以外にも、参議院にはない独自の仕組みがあるからです。それが「解散」です。

衆院選には、4年の任期を満了して選挙を行う場合と、4年の任期満了を待たずに「解散」によって選挙を行う場合とがあります（憲法第45条）。

衆議院が解散するケースは、大きく分けると次の3つです。

①内閣不信任決議が衆議院で可決された場合
②内閣信任決議が衆議院で否決された場合
③内閣の決定による場合

このうち①と②のケースでは、内閣は「10日以内に衆議院が解散されない限り、総辞職をしなければならない」と決められています（内閣総辞職とは、首相以下閣僚の全員がその職を辞任することです）。憲法第69条で定められているため、このケースの解散は「69条解散」と呼ばれます。

日本国憲法が施行されて以降の衆議院解散はこれまで（2016年5月末時点）23回ありますが、そのうち内閣不信任決議が可決したことによる「69条解散」は4回のみで（内閣信任決議の否決による解散はありません）、残りの19回は③のケースの解散です。

③の「内閣の決定」は、首相の決断による解散です。大きな政策を実行する前に国民の信を問うために解散する場合や（最近では小泉政権下で郵政民営化の是非を問う「郵政解散」や野田政権下での「近いうち解散」が代表的）、「今、選挙を実施すれば衆議院での党の勢力を増やせる」と政権の都合から判断した場合などが一般的です。

衆議院の解散を決定する権限自体は内閣にあるとされているのですが、首相は意思に沿わない閣僚を任意に罷免することができるので（憲法第68条）、事実上、解散権を行使するのは首相です。ただ一人、首相のみが行使できるので、この解散権のことを「伝家の宝刀」と呼ぶこともあります。

4年の任期満了を迎えていない場合でも、首相が解散権を行使すると、現職の衆議院議員は議員職を失って「前衆議院議員」となります。そして解散の日から40日以内に、衆院選が行われなければなりません。

実は、日本国憲法下でこれまでに行われた24回の衆院選のうち、任期満了で行われたのは1976年三木政権下のただ1度しかありません。残りの23回はすべて、解散によって選挙に至っているのです。ですから衆院選に至るきっかけは基本的に「解散」にあると考えておいてもいいでしょう。

なお、定数の半数ずつ改選を行い、解散もない参議院と異なり、衆議院は任期満了の場合も首相が解散権を行使した場合も、全議員がそろって失職します。つまり選挙の際は全衆院議員を新たに選び直すことになるので「総選挙」と呼ばれるわけです。解散によって総選挙が行われることがほとんどなので「解散総選挙」とセットにした言葉もよく使われます。

参院選のことは一般的には総選挙と呼ばず、また衆院選のことを通常選挙と呼ぶこともありません。

選挙区制と比例代表制

国会議員の選挙は、衆議院も参議院も、「選挙区」選挙と「比例代表」選挙を同じ投票日に実施します。

選挙区選挙は「立候補者個人に投票する」という考え方の選挙方式です。各選挙区に個人が立候補し、有権者は議員として選びたいと思う立候補者の個人名を記して投票します。得票数が多い立候補者が当選となりますが、ひとつの選挙区で何人が当選するかは選挙区の制度によって異なります。「小選挙区」では各選挙区につき1人が当選、「中選挙区・大選挙区」は各選挙区で複数が当選します（議席数は選挙区の人口規模などによって変わります）。

一方の比例代表選挙は、「政党に投票する」という基本的な考え方に則った方

小選挙区制

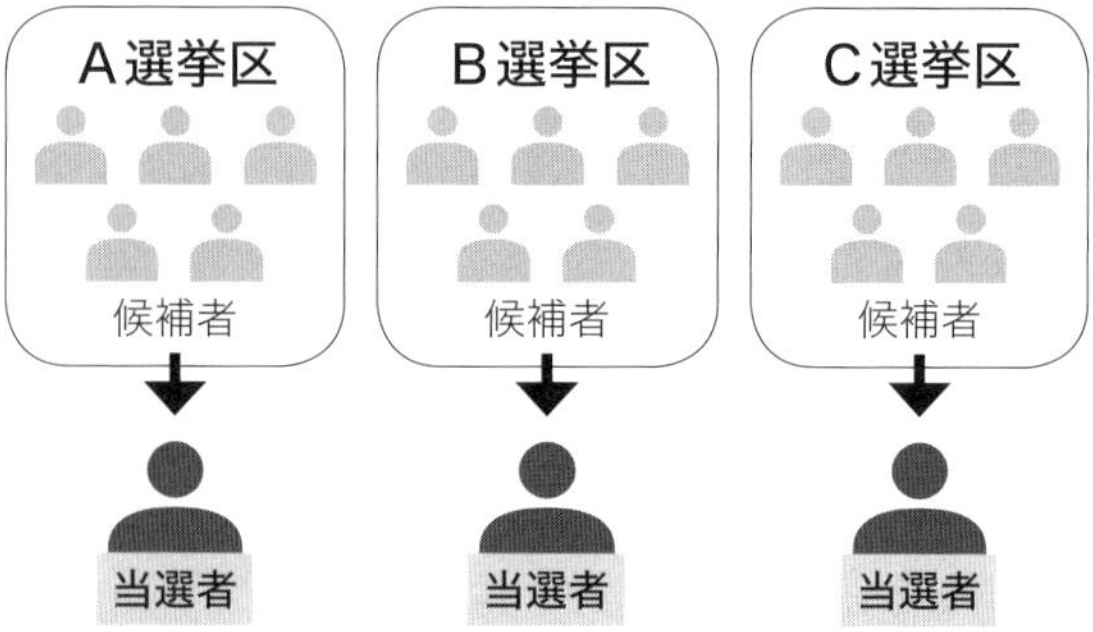

1つの選挙区から最も得票数の多かった候補者が1人だけ選ばれる制度

比例代表制

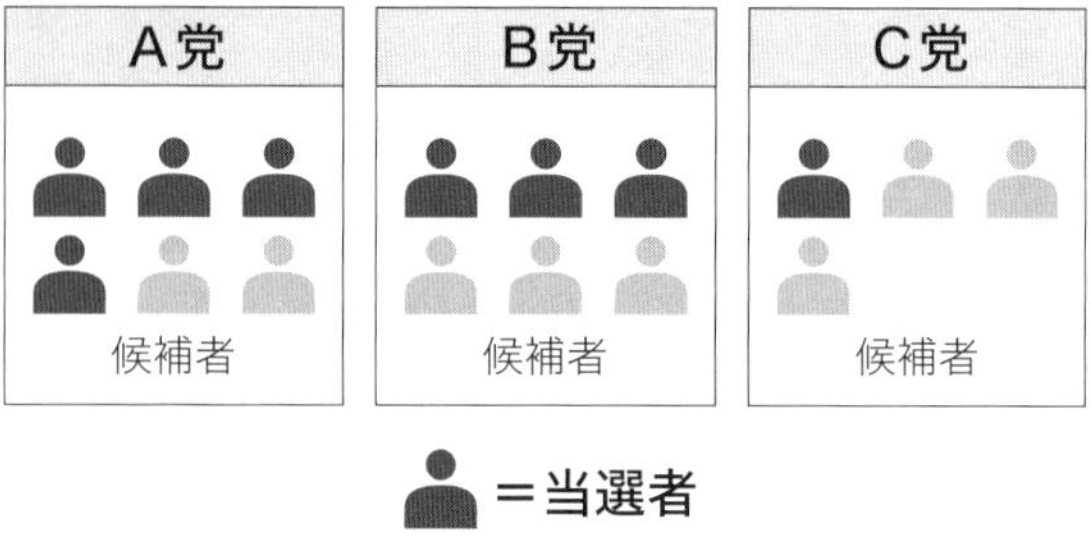

個人ではなく政党に投票し、各党の獲得票数の比率に応じて当選者が決まる制度（※参院選では、政党名と候補者名のどちらでも有効）

式です。各政党はあらかじめ立候補者名簿を提示します。有権者は投票したい政党名を書くのが基本ですが、政党名・立候補者名のいずれかを書く方式もあります。当選者は各政党や立候補者の得票数に応じて名簿の中から決定していきます。名簿で立候補者に順位が付けられている「拘束名簿式」、順位が付けられていない「非拘束名簿式」といった名簿方式の違いもあります。

衆院選は小選挙区選挙と比例代表選挙を組み合わせた「小選挙区比例代表並立制」を採用し、参院選は都道府県を単位とする選挙区選挙と比例代表選挙を組み合わせた方法で実施します。

選挙区選挙では衆院選が小選挙区、参院選が選挙区により改選ごとに1～6人を選出、と異なっていますが、比例代表選挙も衆院選が全国を11ブロックに分けるのに対して、参院選は全国統一（全国をひとつのブロックと見る）で行うなど違いがあります。

衆議院の定数は475で、内訳は小選挙区選挙が295議席、比例代表選挙が

180議席ですが、一票の格差を是正する対策として2016年5月に成立した改正公選法によって、2017年後半からの「0増10減」が決まりました。これにより、衆議院の定数は小選挙区が0増6減（295→289に）、比例代表が0増4減（180→176に）の合計465となります。

参院選は常に定数242の半数改選ですので、通常選挙では121議席が選ばれます。内訳は選挙区選挙が73議席、比例代表選挙が48議席です。

衆院選、参院選それぞれの選挙区及び比例代表での具体的な投票の仕方については、また第6章で解説していきます。

品格につながる小選挙区と一票の格差

私は、現在見られる「議員の品格」の低落、政治の劣化は、前項で挙げた「小選挙区」と「一票の格差」にも大きな原因があるのではないかと考えています。

衆院選では、戦後の日本国憲法下における初の総選挙から1993年まで、「中選挙区制」を採用していました。

中選挙区制では各都道府県を基本2〜5程度の選挙区に分け（人口が多い東京・大阪・愛知などでは6以上の選挙区を設置。また福井・山梨・奈良・鳥取・島根・佐賀といった県は全県で1選挙区に）、1選挙区あたり2〜5程度の定数としていました。

ところが自民党一党支配下で派閥選挙が横行し、ひとつの選挙区が広いという事情もあって選挙にカネがかかるなど、中選挙区制の様々な問題点が浮かび上がってきました。その結果、1994年、「二大政党制を目指す」という意図も込めて、非自民の細川政権下において政治改革関連法が成立し、「小選挙区制」に変更されたのです。

小選挙区は1選挙区あたり1人しか当選しないシステムです。1選挙区あたり1人しか当選しないということは、強固な地盤と知名度と資産（いわゆる「三バン」）をあらかじめ備えている議員が有利になります。

ある小選挙区で有力な議員が当選してしまうと、その他の立候補者は（選挙区選挙では）当選できません。1選挙区から複数の立候補者が当選する中選挙区や大選挙区であれば、たとえば世襲議員がトップ当選したとしても、その他の立候補者が2人目、3人目、4人目……で当選できますが、小選挙区ではシステム上、それができないのです。

それはつまり、当選議員以外への投票が〝死に票〟（死票とも）となり、民意を正確に反映できない硬直したシステムであるという見方も可能です。

死に票が増えるので、弱小政党は国会での議席をなかなか獲得できない一方で、組織的に強い政党は逆にどんどんと議席を伸ばせます。

その結果、議員が大きな政党に収斂《しゅうれん》されていくため、政権交代しやすくなり、二大政党制の実現に近づくわけですが、やはり死に票が多くなるのは大問題です。

そこを補うために衆院選では、小選挙区制単独で取り入れるのではなく比例代表制も並立させることに決まりました（比例代表は得票数に応じて政党に議席が配分されるので、大政党ができにくくなる一方、少数政党には有利なシステムです）。

しかしながら、現実としては定数に占める小選挙区選出議員の割合が6割強と大きいため（小選挙区２９５：比例代表１８０）、民意を正確かつ平等に反映するシステムになっているとは言い難い面があります。

「風」によって大勝・大敗が簡単に起こることの弊害

小選挙区制は、共和党と民主党が交代で政権を担うアメリカ型の二大政党制を志向して導入したものでしたが、自民党が一党支配体制を長い間続けてきた日本の政治風土ではなかなか二大政党制に進まず、その一方で、制度に伴う弊害の方がむしろ目立ってきたとも言えます。

導入当時から、小選挙区制は日本人に合わないのではないかと各所から指摘されていました。和を重んじ、イエス・ノーをはっきりさせない傾向の強い日本人にとって、たとえ51対49と拮抗した場合でも白黒をきっちり決め、51の方のみを勝者とする欧米型の合理主義はなじまないと言われたわけです。

自民党国会議員、たとえば後に首相となる小泉純一郎氏などもその弊害に対する反対を表明していたほどですが、皮肉なことに小泉政権はその後の「郵政解散」による総選挙で、この制度により圧勝を収めることになります。

郵政解散は、小泉氏が推進していた郵政民営化法案の是非を問うため2005年に解散総選挙に打って出たものです。同法案が参議院で否決されたことを受け衆議院を解散した小泉氏は、党議拘束に逆らって反対票を投じた自民党議員を党公認としなかった上で、その議員が出馬する選挙区に「落下傘候補」を多数投入しました。落下傘候補とは、本来その選挙区と地盤的なゆかりがないにもかかわらず、まるでパラシュートで空から着地させるようにピンポイントで送り込まれた候補のことを言います。このときの落下傘候補は従来地盤を持つ候補を葬り去る「刺客」のような役割を果たしたため、刺客候補とも呼ばれました。

結果、1人しか当選できない小選挙区制の恩恵も受け、刺客候補は大量当選。自民党は単独で296議席も獲得する大勝利を収めました。まさに〝風〟を受けたものでもあり、このとき当選した自民党の83人の新人議員たちが「小泉チルドレン」と呼ばれることになったのです。

小選挙区制の導入には低落する国政選挙の投票率改善も狙いに入っていましたが、実際にどうだったかというと、導入後初の1996年総選挙では59・65%で、これは戦後最低の数字でした。民主党政権が大敗して第2次安倍政権が成立した2012年総選挙で59・32%、前回2014年総選挙では52・66%と、投票率の低落傾向は一段と進んでいます。

投票率は下がるのに、大政党に収斂されやすい小選挙区制では、「風」が吹くと一党の大勝・大敗が簡単に起こります。２００５年郵政解散での自民党圧勝、２００９年の民主党圧勝、そして２０１２年総選挙での第２次安倍政権成立は、いずれもメディアが巻き起こした「風」を呼び込んだ結果でした。しかも、総選挙のたびに「風」が吹く方向によって圧勝と惨敗が繰り返されたのです。

政治評論家・浅川博忠氏の著書『小選挙区制は日本を滅ぼす』の中で、メディアが発信する「風」の影響を総選挙がまともに受けたことについて次のように書かれています。

「この現象は一過性のものなのか、それとも制度に必然的につきまとうものなのか。筆者には後者のように思われてならなかった。『風』に吹き荒らされて有権者の冷静沈着な判断がどれだけまともに下せたかが問われる。『この制度は恐ろしい』というのが実感だった」

一票の格差の解消に向けて

また、一票の格差についても、さらに抜本的な改革が求められます。

一票の格差が広がっているということは、人口の多い都市部よりも、人口が少なく、昔から有力な議員が地盤を築いている地方部の方が一票の価値が高いということになります。

それは世襲議員がさらに増えることにもつながりますし、概して地方部は都市部よりも高齢者の割合が大きいため、若い世代の意見が選挙結果に反映されにくくなるという深刻な問題もあります。

「自分たちの意見なんか通らない」

「どうせ高齢者向けの政策ばかりが実行されるんだ」

などと若者の間にあきらめが生まれてしまったら、代議制民主主義の根幹がさらに揺らぐことになります。

一票の格差については是正のための取り組みも進められています。しかし、定数を減らすということは現職議員が職を失うことにもつながるため、議員からの反発が大きいのも現実です。議員の「地盤」の問題もあり、選挙区割りの変更も容易には行えません。

今後、いかに抜本的な改革ができるかが、未来の健全な民主主義の実現に向けた大きなポイントになると言えるでしょう。

一票の格差の解消に向けて今後も選挙制度は少しずつ変わっていくでしょうが、それが実際に効果をもたらしているか、既得権益を持つ議員にだけ有利なシステムになっていないかなど、国民の側も厳しく注視していく必要があります。

第4章

これからの若者はどう選挙に向き合うべきか

70年ぶりの選挙権年齢引き下げ

２０１６年の夏以降に行われる国政選挙（国会議員を選ぶ衆議院・参議院の選挙）から、これまで20歳以上と定められていた「選挙権」（選挙で投票できる権利）年齢が引き下げられ、「18歳以上」に変更されます。

選挙権を得る年齢は「公職選挙法」（公選法）で決められています。２０１５年６月17日、公選法の一部が改正され、同19日に公布。１年間の周知期間を経た２０１６年６月19日に改正公選法が施行されて、その後に行われる国政選挙、つまり今夏予定の第24回参議院議員通常選挙から適用されることとなりました。もし衆参同日選挙となれば、衆議院の総選挙でも適用されるはずでした。

選挙権年齢が引き下げられたのは、なんと70年ぶりのことです。

１９４５年、それまで25歳とされていた選挙権年齢が20歳に変更されました。この年は昭和20年。そう、第二次世界大戦が終結した年です。そのとき新たに選挙権を得ることになった20～24歳の人々は、現在90歳を超えているのですから、ずいぶん長い間、選挙権は「20歳以上」で固定されていたわけですね。

なお、今回の改正公選法で年齢が引き下げられたのは選挙権のみで、被選挙権（選挙に立候補できる権利）に関しては衆議院議員25歳、参議院議員30歳と、従来と変わっていません。

自分の一票が政治を動かす醍醐味

今回の年齢引き下げで新たに選挙権を得る18歳、19歳の有権者は、全国で約240万人と言われています。

240万人。想像がつきますか？　それが一体どれくらいの数であるのか。

都道府県で言えば、240万は人口ランキング13、14、15位の京都府、宮城県、新潟県と大差ない数です。つまり今回の選挙権年齢の引き下げで、大きめの人口規模を持つ県ひとつ分の有権者が新たに国政参加の権利を得たという言い方も可能です。

衆議院の小選挙区は現在295あります。240万という数を小選挙区数で割れば、8135人になります。

ちなみに、2014年の総選挙で1位と2位の差が2000票以内の僅差だった小選挙区は全国で10もあります。その前の2012年総選挙では8でしたので、若干ながら増えました。

差が最も少なかったのは新潟2区の102票です。続く栃木2区は199票差、3番目の北海道7区は225票差、これら3つを含めて1000票差以内の選挙区が5つと、わずか100票から1000票程度の差でも当選・落選を分けることがあることがよくわかります。1選挙区あたりの有権者数が相対的に少ない小選挙区制の醍醐味であるとも言えるでしょう。

どういう意味での醍醐味かと言えば、単純に「ワクワクする」ということもあるでしょうが、それ以上にやはり「自分の一票が政治を動かせる」という醍醐味です。

前述のように今回の選挙権年齢引き下げで、1選挙区あたり約8000人もの18、19歳の若者世代が選挙権を得るのです。2000票程度の差であれば、この世代の若者の票だけで十分ひっくり返ります。

実は、2014年総選挙で2000票差以内で敗れた2位候補者のほとんどは、小選挙区では落選したものの比例代表にも重複立候補していたので、復活当選を果たしています。ただし中には、無所属で出馬したため小選挙区にしか立候補せず、7万8000票余りも取りながら1488票差の2位で落選した前職議員もいました（山形3区）。

総選挙の比例代表における重複立候補と復活当選については、第6章で解説します。

世界では18歳選挙権が趨勢

　選挙権年齢が引き下げられるのは、国政選挙だけではありません。地方自治体（都道府県及び市町村）の首長と議会の選挙もそうですし、最高裁判所裁判官の国民審査（罷免するかどうかの審査）も18歳からになります。これら以外にも対象となる選挙はあります。

　では、なぜ選挙権年齢は18歳以上へと引き下げられたのでしょうか。

　実は世界的に見ると、18歳で選挙権を持てる国が圧倒的多数です。

　２０１４年の国立国会図書館調べによれば、世界１９２の国のうち、92％にあたる１７６カ国が18歳での選挙権を認めています。中にはオーストリアの16歳、インドネシアの17歳など18歳未満で選挙権を与えられる国もあるほどです。アメリカ、イギリス、フランス、カナダ、イタリアといった国々は、いずれも18歳以上となっています。

選挙制度は各国それぞれの歴史や文化、政治風土の上に成り立つものですから、世界中のほとんどの国が18歳選挙権を認めているという理由だけで、日本でも認めなければいけないということはありません。

しかし未曾有の高齢化社会に突入している日本では、有権者人口も高齢者に偏ってしまいました。それに対して20代の人口は65歳以上の半数以下にすぎません。

にもかかわらず、20代の投票率は60代・70代の高齢世代に比べてはるかに低い、つまり若い人たちは選挙に行かないのです。

このままでは高齢者向けの政策ばかりが推進され、若者向けの政策がどんどんと減っていく可能性もあります。最近も「保育園落ちた日本死ね!!!」というブログが話題になりましたが、保育園の数が少ないことで困るのは高齢世代ではなく若者世代です。もちろん人口比のアンバランスによる年金の負担増加も若者にとっては深刻な問題でしょう。

そこで、若者世代にもっと政治への興味を持ってもらい、政治参加する若者を増やす＝投票率を上げることを目指して、選挙権年齢の引き下げを行ったわけです。

誤解を招く可能性もありますが、それでも極論としてあえて私が言いたいのは、

「国の政治は若者たちのためにある」

ということです。

高齢者や壮年世代のためになる政策はもちろん大切です。福祉の充実は今後も図っていかなければなりませんが、やはり長い目で見れば、政治というものは常に、その国の未来を背負っていく若者や子ども世代のためにあるべきなのです。

ですから、「政治なんてどうせ変わらない」などとあきらめないでほしいのです。前項でも書いたように、18、19歳の若者世代が動かす票だけでも、国の政治を変えることは十分すぎるくらいに可能なのですから。

選挙に向けて学ぶべきことは何か

共同通信社が２０１６年２〜３月に実施した世論調査によると、同年６月までに18、19歳になる人（調査対象：１５００人、回収率：55・１％）のうち、７月に予定される参院選の投票に「必ず行く」「行くつもりだ」と回答したのは合わせて56％と半数を超えています。

一方で「行かないつもりだ」「行かない」は計12％にとどまっています。このことから、今回初めて選挙権を得る新しい世代の有権者の多くは、初めての国政選挙に興味を持っていることがうかがえました。

また、投票で政治に影響を「与えることができる」と回答したのは59％で、「できない」は41％でした。

「政治なんてどうせ変わらない」と、ある種のあきらめを感じている有権者は多いと思います。これまでの政治の流れがそのようなあきらめを生んでしまっていることも残念ながら現実ですし、国政選挙や地方首長・議会選挙の投票率低下につながっていることも間違いないでしょう。

とりわけ地方の選挙では投票率の低下が甚だしく、2015年4月に行われた統一地方選（全国の様々な知事選、市区町村長選、県議会や市区町村議会議員選などが同じ日に行われること）は戦後最低と言える低投票率を記録しました。もはや〝民意〟と呼べるのか疑問に思えるほどの低い投票率で「国民の代理者」が選ばれているのが現状です。

しかしながら、この共同通信の調査は、投票行動が政治に影響を及ぼすことはできるのだと考える18歳以上20歳未満の若者が、過半数存在することを示しています。

それはつまり、自分の投票によって政治を動かすことができると信じる若者世代も実は多く存在するのだということです。

代議制民主主義をとる日本にあって、政治の基本は言うまでもなく国民の政治参加です。だからこそ、この調査結果は日本の未来を見据えるにあたって明るい数字だと考えていいのではないでしょうか。

まず知ることから始める

昨今の選挙は、投票する候補者を「消去法」で考える傾向が強まっています。自分たちの国を動かす代表者選びの選挙で、積極的に「この人に投票したい」「この人に政治を任せたい」ではなく、「期待できそうな人がほかにいるわけでもないので、やむなくこの人で」と消去法の投票を行うのは、民主主義を標榜する国の有権者としてなんという不幸でしょう。

最近の政治家は議員としての品格を失っている、その結果、政治が劣化しているということを、繰り返し書いてきました。

世襲議員や公募によるチルドレン議員の急増、それを生み出す小選挙区制や一票の価値の問題など、分析すべき背景は様々ですが、いずれにせよそうした議員の共通点として挙げられるのは、民主主義の基本、憲法、「国民が第一」という政治の根本を知らないことだということも、繰り返し書いてきました。

知らない、勉強していないということは、大問題です。政治家としての資質を持っていないと断じることもできます。

そして、ここで大切なのは、議員の側だけでなく、そうした議員を自分たちの代表として選挙で投票し、国政に送り出している有権者の側も、「知らない」では済まされないということです。

有権者も、知る努力をし、勉強をして、その上で自分たちの代表にふさわしい候補者を選び出し、投票を行う責任があるということに気づかなければならないと思います。

まず、知ることが大前提。勉強をして知った上で、政治に対する自分の意見を作り上げ、その自分の考えと信念に基づいて投票することが大事なのです。

時に、同じ若者世代の仲間たちと議論をし、政治への興味と意見を深めていくことも重要でしょう。

自分の意見をしっかりと持った上で候補者が掲げる政策を吟味したり、メディアから情報を得たりすれば、ただ単に投票するだけではない政治参加ができますし、「ほかにいないからやむなく」といった消去法の消極的な投票行動をとらずに済みます。

有権者の側も、知らないことでいたずらに惑わされることのないよう、まずはしっかりと知ることから始めてください。

失敗を許さない風潮

私見ですが、最近の日本人は「失敗」に寛容でなくなったように感じます。

「失敗」と言っても様々にあり、どうしても許せない失敗から、まったく気にならない失敗までいろいろとあります。

しかし昨今の風潮として、日本社会は総じて失敗を許さない状況になっているのではないでしょうか。あるタレントのスキャンダルに対して、「そこまで責めなくてもいいのではないか」と思うような事態もしばしば起きます（もちろんメディア側の報じ方の問題もありますが）。ほかにも、神経質とさえ思えるような不寛容なシーンに日常的に遭遇します。


政治についても同様であると私は考えます。

政治の世界においては、一朝一夕には解決せず、長い期間をかけて取り組まなければならない課題が多くあります。それは政治改革、財政、経済、教育、福祉、産業、国際問題など多岐にわたります。

２００９年夏から２０１２年秋にかけての民主党政権は、戦後初の本格的な政権交代が実現したものでしたが、国民は自らの投票で成し遂げた政権選択であるにもかかわらず、わずか3年3カ月で拒否反応と言えるほどの強烈なNOを突きつけました。

　解決しなければならない政治課題の中には、長年にわたる自民党一党支配体制の土壌の上で蓄積したものも多くあります。民主党政権はそれらを解決することを期待されて政権を任されたわけで、解決に至らなかった民主党政権に責任がないとはもちろん言いません。短期間で首相が3人も交代したり、マニフェストに反して消費税アップをするなどの問題もありました。

　しかしながら長年積み上げられてきた難題を短期間でクリアするのは文字通り至難の業ですし、しかも民主党政権時代には東日本大震災という国難とも呼ぶべき大災害も発生したのです。

　何もこれは民主党政権だけに限ったことではありません。自民党政権でも、長い時間をかけて解決を模索していくべき課題に日夜取り組んでいます。にもかかわらず、あまりにも短い期間で結論を求め、それが達成できない場合に拙速にNOを突きつけるとしたら、国民側にも我慢が足りない部分はあると言うべきでしょう。

常にどのような課題に対しても寛容に、のんびり構えていろとは言いません。スピード感が求められる政策課題ももちろんあります。しかしそれにしても、あまりの短期間で結論を強いるのは、昨今の日本に満ちている不寛容の風潮が影響しているのではないかと疑わざるを得ません。

これについても、政治家たちの努力は当然のことですが、国民、有権者の側の勉強も不可欠であると私は考えます。

これから新たに選挙権を持つ18、19歳の人たちはもちろんのこと、若い世代の人たち全般、そして中間世代、高齢者の世代の人たちも、物事をきちんと知った上で自分なりの考えを形成し、それに照らし合わせて政治を見つめる姿勢が必要だと、私は考えます。

投票は「ムダ」ではない

もうひとつ、選挙に臨む際に大切なのが、「投票することはムダではない」と強く意識することです。

選挙は個人の立場で個人の立候補者もしくは政党に投票するのが当然ながら基本。ではありますが、現実として、各政党は支援団体を抱えており、そうした組織の票が選挙の行方を大きく左右する側面があります。

たとえば、自民党であれば日本経済団体連合会（日本経団連）、日本商工会議所（日商）、経済同友会、日本遺族会、全日本仏教会といったところが伝統的に支援団体となっていますし、公明党の支持母体が創価学会であることは誰もが知るところです。

ほかにも、民主党（現・民進党）は日本労働組合総連合会（連合）や日本教職員組合（日教組）、社民党は全国労働組合連絡協議会（全労協）や連合、共産党は革新系団体などから固い支援を得ています。

このほか、自民党は農林、土木などの業界からも大きな支持を得ています。投票だけでなく、団体献金・企業献金で政党を支える面もあります。

こうした団体の影響力は、けっして無視できるものではありません。

フリーな個人の有権者であれば投票当日に大雨が降るとついつい家を出るのが億劫になることも考えられますが、団体に動員された有権者はそれこそ雨が降ろうが槍が降ろうが投票に出かけるのが一般的で、天候が渋れば渋るほど、強固な支援団体を持つ党は着実に票を稼げる傾向にあります。

確固たる後援会組織を築いている現職議員（衆議院の場合は総選挙に入る時点で全員が失職するので前職ですが）や、親の地盤を引き継いだ世襲議員も同様です。

こうした団体が現実に投票で力を持っている以上、団体に属していない「一個人」の投票にどれほどの力があり、その一個人の投票の集積ではたして国政は変わるのか……と疑問に感じてしまうのも無理はありません。

しかし先ほど書いたように、前回の総選挙では1位と2位が2000票以内の僅差だった選挙区が全国で10もあり、ほかにも数千票の差で決着する選挙区はたくさんあります。

そして、そうした選挙区では、団体と関係のない一個人の投票の集積が当選に大きく影響するのです。

ですから、あなたの一票に意味がないなどということは、けっしてありません。個人の投票の集積が政治を動かし、日本という国を作り上げていくことは、理想論などではなく、厳然たる事実なのです。

日本の厳しい時代

国会議員は、国民が選びます。

日本国民が、日本国憲法で保障された権利である選挙権を行使し、「一票を投じる」という投票行動によって政治に参加して、自分の代理者たる国会議員を選択します。投票は国民の義務ではなく、あくまでも権利です。

しかも、けっして簡単に捨て去るべきではない、民主主義の根幹を形作る貴重な権利なのです。

もしも本書を読んでいる若者たちの中に「投票は義務だ」と思い込んでいる人がいたとすれば、すぐに考えを改めてください。

義務だと思えば時に嫌になることもあるかもしれませんが、それは日本という国を、自分の生活の基本部分を作り上げていくための権利なのだと思えば、放棄するのはけっして得策ではないということがわかるはずです。

今、日本は厳しい時代を迎えています。

政府による度重なる経済対策や日銀が繰り出す金融政策にもかかわらず、日本経済はなかなか上を向きません。財政も常に逼迫しています。

少子高齢化が世界最速と言えるスピードで進展し、年金や福祉も今後本格的なピンチに遭遇します。

国際情勢も不安定で、隣国の不穏な動きが増しているだけでなく、国境を越えたテロの脅威にもさらされています。

世界に名だたる大企業が不祥事を起こし、〝日本ブランド〟への信頼が失われていく可能性もあります。

そんな時代にあって、選挙は、これからの日本をどのような国にしたいかというあなた自身の政治への意見を主張できる場なのです。

その思いを胸に、初めての投票に臨んでほしいと私は願っています。

第5章

今求められる政党・議員の役割

憲法は国家権力を縛るもの

選挙に際して有権者が最も気にするのは、日本が現在の苦境を早期に切り抜け、さらに将来の発展につなげていくための政策を、立候補者や政党が打ち出せるかどうかでしょう。

先行き不透明な時代だからこそ、選挙に際してどのような政策を打ち出すのか、有権者もしっかりと学び情報をつかんだ上でチェックすべきなのです。

議員や政党に求められるものは、いつの時代でも変わらないものもあれば、時代に応じて変えていくべきものもあります。

まず、いつの時代でも変わらずに求められるものと言えば、何でしょうか。

何より、ここまで本書でも繰り返し書いてきた「国民第一」の姿勢でしょう。

日本国憲法では「国民主権」が保障されています。主権は国民にあるのです

（「主権在民」とも言います）。主権とは、国のあり方、政治のあり方を決める権利のことです。

ですから、議員は〝特別〟な存在ではなく、あくまで国民の代理という立場であって、政治は主権者である国民のために行うものなのです。

その大原則を忘れた、あるいは無視する議員や政党は、この日本には必要ありません。

もうひとつ、変えてはいけないものは、「憲法遵守」の姿勢です。

国会議員や政治家は、憲法を守らなければなりません。そのことは日本国憲法第99条に明記されています。

第99条　天皇又は摂政及び国務大臣、国会議員、裁判官その他の公務員は、この憲法を尊重し擁護する義務を負ふ。

実にシンプルな条文です。国会議員や首相・閣僚を含むすべての公職者には、日本国憲法を尊重し、守っていく義務があるとしているのです。

日本は立憲主義の国です。立憲主義とは、憲法に基づいて政治を行う体制をとる国という意味です。

そして憲法とは、国の基本法であると同時に、国民の人権を守り、その人権が国家権力によって侵されることのないよう歯止めをかける法律です。

立憲主義の国においては、国会、政府といった国家権力は、憲法に基づいて政治を行い、憲法を守る義務があります。

別の言い方をすれば、私たち国民が国家権力を縛るための法律、国家権力の暴走を防ぐための法律、それこそが憲法なのです。

ちなみに、日本国憲法には、国民に対して憲法尊重・擁護を義務付ける条文はありません。

憲法改正の動き

日本国憲法は第99条にあるように、尊重し擁護すべきものです。しかしながら以前から憲法改正（改憲）はたびたび話題に上っていました。

意外と知られていないかもしれませんが、現在の政権与党である自民党は憲法改正を党是とする政党です。１９５５（昭和30）年に誕生した当時から、常に党の綱領などで憲法改正をうたい続けてきました。

昨今、自民党一強体制の安倍政権になり、自民党の長年の夢であった憲法改正に向けた動きが今、加速しているように感じます。

ちなみに、旧民主党と旧維新の党が合流して結党された民進党も、安倍政権下での憲法改正には否定的でありながら、２０１６年3月の党綱領では「時代の変化に対応した未来志向の憲法を国民とともに構想する」と記しており、憲法改正自体は否定していません。

自民党と同じく現在の政権与党である公明党は、現行憲法を維持した上で必要な条文を付け加える「加憲」の姿勢を前面に出しています。共産党は従来改憲の立場が基本でしたが、先頃の「国民連合政府」提案に際し、安倍政権下での憲法改正には断固反対の立場です。社民党は護憲政党であった旧社会党の流れを受け継ぎ、護憲（憲法改正には反対）を貫いています。

他の政党を見ても、時代の要請に応じて部分的な憲法改正は認めるという流れが、今は強くなっています。

尊重し擁護する義務をすべての公職者に課している日本国憲法ですが、憲法改正に関する規定も存在します。

第96条　この憲法の改正は、各議院の総議員の三分の二以上の賛成で、国会が、これを発議し、国民に提案してその承認を経なければならない。この承

認には、特別の国民投票又は国会の定める選挙の際行はれる投票において、その過半数の賛成を必要とする。

憲法改正について前項の承認を経たときは、天皇は、国民の名で、この憲法と一体を成すものとして、直ちにこれを公布する。


衆議院・参議院を合わせた全国会議員の3分の2以上が賛成して初めて、国会は憲法改正を発議する（国民に問う）ことができます。その上で国民投票を実施し、過半数が賛成すれば、ようやく憲法改正が承認される……という流れです。

これは、かなり高いハードルです。なぜこれほど高いハードルを設けているのかと言えば、それはもちろん「変えにくく」するためです。このように変えることが難しいタイプの憲法のことを「硬性憲法」と言います。

そして、なぜ変えにくくしているのかといえば、それはやはり政治の暴走を防ぐためです。政治家がホイホイと憲法を改正し、国が針路を誤ることを避けるためです。

尊重し擁護する義務のある憲法に、改正手続きに関する条項が設けられている理由は、時代の要請などによって改正が必要となる場合が絶対にないとは言えないからです。

どんなに素晴らしい憲法であっても、100年、200年もの長いあいだ指一本触れてはいけないのでは、時代にそぐわず、むしろ国民の主権や基本的人権を損なってしまう可能性もあります。

ですから「真に必要な」場面に限定して、議論を尽くした上で全国会議員の3分の2以上が同意でき、かつ半数を超える国民が承認するようなものならば、ようやく新しい憲法として認める、ということです。

高まりつつある改正論議

現在高まりつつある憲法改正論議では、

①すでに制定からほぼ70年が経過し、その後に国内外で生じた様々な事態に憲法が対応できなくなった。（限界説）

②この憲法はＧＨＱ（連合国軍最高司令官総司令部。戦後日本の占領政策を担った機関で、米国人を中心に構成された）が押し付けたものであり、日本国民が自主的に作り上げた憲法（自主憲法）ではない。（押し付け憲法論）

……といった主張が改正の根拠としてよく挙げられます。

①の限界説はともかくとして、②の押し付け説については、現在では否定する意見が出ています。

現日本国憲法はアメリカ（ＧＨＱ）が押し付けてきたのではなく、ＧＨＱの草案をベースにしつつも、当時の政治家や官僚が調整・修正して帝国議会に提出し、日本初の男女普通選挙で当選した議員による審議を経て制定されました。

とりわけ問題となる第９条（戦争の放棄）についても、かつてはＧＨＱ側（マッカーサー司令官）から提案されたものだと言われてきましたが、実際は時の首相である、幣原喜重郎が提案したものであるという説が有力です。


憲法改正はデリケートなテーマで、考え方は人それぞれですが、議論は積極的にやっていくべきでしょう。

ここでも憲法の条文をよく読み、内容を把握するのはもちろんのこと、その成立の背景や、戦後どのように扱われてきたかという歴史、各政党の憲法に対する主張（改憲・護憲など）とそれに対する意見、学者やメディアの見方などもしっかり吟味した上で、国民一人ひとりがしっかりとした意見を持つことが重要です。

なお、憲法改正に伴う国民投票についても、２０１４年の国民投票法改正によって投票権年齢が「18歳以上」に引き下げられました。

もしも今後、国会で憲法改正の発議があった場合には、18、19歳のあなたも国民投票によって憲法改正に「イエス」か「ノー」かの意見を表明できるわけです。

日本が直面する多様な課題

ここまでいつの時代でも変えるべきではないものを見てきましたが、次は、時代に応じて変えていくべきものです。

個別の政策は、もちろんその時々の社会状況や国際情勢、環境などに応じて適切なものを選択し、実行していかなければなりません。

ひとつの国家を成り立たせ、運営していくための要素には、実に様々なものがあります。ざっと挙げてみると、

「財政・金融」「地方自治・情報通信」「司法・法務」「外交・国際関係」「教育・科学」「福祉・衛生・社会保障・高齢化対策・労働問題」「農業・林業・漁業」

「経済・産業・エネルギー」「国土開発・交通」「環境」「防衛（自衛隊）・安保」「復興・原発事故対策」「公安・テロ対策」

……などです。

気づいた読者もいるかと思いますが、これらは基本的に、内閣を構成する省庁や閣僚が携わる職務を並べただけのものです。

「財務」「総務」「法務」「外務」「文部科学」「厚生労働」「農林水産」「経済産業」「国土交通」「環境」「防衛」「復興」「国家公安委員会」

……と省庁組織名（閣僚名）で並べていくと、先に挙げた政策テーマとそれぞれ一致することがわかるのではないでしょうか。

現在の安倍政権にはこのほかにも、内閣府特命担当大臣が担うものとして「消費者及び食品安全」「規制改革」「防災」「沖縄及び北方対策」「科学技術政策」「宇宙政策」「経済財政政策」「少子化対策」「男女共同参画」「国家戦略特別区域」といったカテゴリーが用意されています。２０２０年に向けて東京オリンピック・パラリンピック担当大臣もいます。

ここに列挙したのが、大まかに言って、政治家・議員が現在という時代に応じて政策を考え、実行していくべきものです。おおよそ考えつくものは、基本的に網羅されているのではないでしょうか。

実に多岐にわたる課題が並んでいますね。どれを欠いても問題が生じます。国家というのは一筋縄ではいかない複雑なものなのです。


とはいえ、実際に選挙に臨む際は、多彩な政治課題の中でもいくつかの大きなテーマに絞って注目し、投票先を決めるという人が多いのではないでしょうか。

みなさんがとくに注目したい政策テーマ・カテゴリーはどれでしょう？

……おそらく、「経済」という言葉が真っ先に聞こえてくるのではないかと推測します。

今国民が注視する「経済」

「アベノミクス」という言葉は、みなさんも聞いたことがあるでしょう。

現在の安倍内閣で推進する金融・財政政策と経済成長戦略の総称として打ち出されたもので、第2次安倍政権発足翌年の2013年に「新語・流行語大賞」のトップテンにも入賞しました。安倍首相のアベとエコノミクス（経済）を合成した言葉ですが、1980年代のアメリカ大統領ロナルド・レーガンの経済政策「レーガノミクス」にもちなんでいます。

安倍首相自身、2013年にニューヨーク証券取引所で演説を行った際、「Buy my Abenomics」（私のアベノミクスは〝買い〟です）と述べたりしていたので、お気に入りの言葉なのかもしれません。

具体的な政策への評価は様々に分かれるものの、安倍政権が景気回復・経済再生に向けて積極的に取り組み続けていることは事実です。その一方で、現状では残念ながらアベノミクスの効果が期待ほどには表れず、日本経済が低空飛行から本格的に脱していないのもまた事実です。

安倍政権は2014年4月、消費税率を17年ぶりに8％へ上げ、さらに2017年春の10％へのアップも予定としてきましたが、2年半の先送りを決めました。しかし、財政赤字、社会保障の財源をどうするのかという大きな課題が残りました。

経済は国の土台であり柱ですから、政権選択の基準にする大テーマとして経済を第一に考えること自体は、けっして間違っていないと思います。

問題は、今、その基準が経済「だけ」になってしまってはいないか……というところです。

経済偏重の選択の是非

経済はもちろん大切です。しかし経済ばかりに目を向けていると、その他の重要な点を見落としてしまう可能性もあります。最近はとくに「とにかく、経済。ほかの政策では目をつぶっても、経済を良くしてくれる党を選びたい」と考える有権者が増えているように感じ、気になります。

たとえば、ある架空の政党が、日本経済の未来に対して楽観的なビジョンを示し、「わが党では国内総生産（GDP）実質成長率5％超えを目標に、3年以内に景気回復を実現し、日本経済に力強い活力を取り戻します！」という公約を掲げて選挙に臨んだとします。経済が回復すれば会社の売上がアップして、給料もボーナスも上がりますし、将来に向けての不安も減ることでしょう。「やはり経済が大事だな」と、国民の耳に心地よく聞こえるこの公約だけを信じて、同党に投票してもいいものでしょうか？

この架空の党は驚くべき実行力があり、実際に政権を取って、わずか2年で実質GDP5％成長を達成したとします。ところが同時に、憲法9条をまったく無視して自衛隊を海外に送り、他国の軍隊に先制攻撃を仕掛けたり、若者世代の年金負担を一気に2倍にしたり、といった強引な政策も次々と実行しました。

その時点で、同党に投票した有権者の一部は「こんなはずではなかった」と疑問に思い始めます。しかし、「こんなはずではなかった」というのは思い込みで、実際は「こんなはずだった」のだとしたら、どうでしょう。

つまり、この有権者は「実質GDP5％成長」という公約だけに着目して同党への投票を決めたのですが、同党の公約を隅から隅までよく読めば、自衛隊による先制攻撃も若年世代の年金負担倍増も、すべて公約として書いてあったのです。

もちろん、これはあくまでたとえですし、極端な例ですが、ある政党やある立候補者を支持するにあたって、ひとつの公約だけをクローズアップして投票するのは危険です。

経済政策だけを評価して投票したはずが、安保や社会保障政策にまでフリーハンドを与えてしまっている可能性が出てくるのです。

有権者が投じる「一票」には、「経済はＯＫだけど安保はＮＯ」といった具体的な意見は書いてありません。

政治家側の問題

ただし、政治家の側にも問題がないわけではありません。

日本という国は確かに多様な課題に満ち満ちており、有権者の生活に身近な税金・福祉・年金・医療といった問題から、一見遠く感じる外交・防衛問題まで、様々な分野の政策を同時に進めていくのが政治家の役目です。

数々の課題の中には、選挙において政党が大きくアピールしたいものもあれば、あまり前面には出したくないものもあるでしょう。

たとえば、景気回復で日本経済を再生させるということは大々的にアピールするでしょうが、国民のあいだで議論のある分野、たとえば安保や原発といったテーマについては、公約に載せないわけにはいかないので載せるにしても、できればひっそりと隅の方に書いておきたい……と考えるかもしれません。

有権者は、公約のトップにある大見出しのアピールにまず目を留めます。そこに「3年以内の景気回復、経済再生」などと自信たっぷりの表現で記してあれば、「ぜひお願いします」という気持ちになってしまっても不思議はありません。

その一方で、隅っこに小さな文字でひっそりと書いてある別の公約には目もくれないか、目に入ったとしても「優先度の低い公約なのかな」と思い込んでしまい、投票先を決める際の基準としては重視しないかもしれません。

ところが、そこにこそ政党の本音がある場合も多いのです。

もちろん選挙のたびに各党の公約をすべて、細大漏らさず読むなどというのは大変なことです。

しかし、「経済」だけでなく、ほかにも3つ4つ程度の気になるテーマ、たとえば「医療」「保育」「沖縄問題」「農業政策」などを頭に浮かべ、それについて各党が公約でどのような政策を提示しているかを比べるのならば、さほど難しいことでもないはずです。それ以外の分野については、時間や余裕がなければ、ざっと目を通すだけでもいいでしょう。

政治家の側のもうひとつの問題点は、「当選したら、あとはこちらの好きなようにさせてもらう」という傲慢な姿勢になりやすいことです。

投票によっていくら有権者から支持を得たといっても、すべてがフリーハンドのお墨付きとなるわけではありません。国民の代理である議員や政治家は、常に国民の生活に真摯に向き合い、国民のために課題を解決していかなければならないのです。

しかし、一部の議員から品格が失われている今、そうした大志を胸にいだいて国政に取り組む政治家が、はたしてどれほどいるのでしょうか。

理想論ではなく、むしろ現状に鑑みた切羽詰まった話として、「国民のために」活動するという意識こそが、今の政治家にとって最も必要なものと言えるのかもしれません。

利益誘導と有権者

国会議員や政党の役割として、この章の最後に提示しておきたいのは「利益誘導」の問題です。第4章で、各党の支援団体の話を書きましたが、選挙で業界団体などから支持をもらったり、企業献金を受けたりする見返りとして、その団体や企業のために直接的な便宜を図り、利益を供与することは、公職選挙法で厳しく禁じられています。

しかしながら間接的に利益がもたらされるような政策、たとえば公共事業や規制緩和を行うことなどは、いわばグレーゾーンと呼べる部分でもあり、現実としてまかり通っている部分があります。

また、政治家には「地元」というものがあります。都市部ではその意識が比較的薄いのですが、とりわけ地方部から立候補し当選した国会議員には、自分を国政に送り込んでくれたのがほかでもない「地元」であるため、地元意識が強くありあます。その地元に、たとえば「道路を造る」「橋を造る」といった利益をもたらすことで、次回の選挙でも地盤を維持あるいはより強固にすることができるわけです。

もちろん、地元を愛する気持ちは大事ですが、国会議員は、特定の団体・企業や地域に利益をもたらすためではなく、国民全体のための利益を考え、法律を作り、政策を実行するのが仕事です。

ですから、特定の団体・企業や地域のために仕事をするのは、明らかに間違いです。国会議員の本質を理解していないのです。

議員の側だけでなく、有権者の側も、自分が属する団体・企業や地域への利益だけを求めて投票行動をするのは、明らかな間違いです。

利益誘導を断ち、国会議員を「国民のため」というその本来の仕事に差し向けるのは、国会議員の意識もさることながら、有権者としての重要な責任でもあります。

第6章

選挙における議員の選び方

日本の政治・選挙システムのおさらい

この章では、おさらいになりますが、日本の政治システムと議員の選び方について、まず掘り下げたいと思います。そして、選挙において、候補者のどこを見ればいいのか、私なりの考えを述べたいと思います。

品格に問題があると思われる議員を選ばないためにも、はじめての選挙に臨む18、19歳の若い人はもちろん、すべての有権者が政治システムや選挙制度を今一度、しっかり理解しておきましょう。

初めに、大前提として押さえておいてほしいこと。それは、何度か繰り返してきましたが、日本の主役は憲法で「国民主権」を保障された国民であるということです。

日本国民は、「参政権」を持っています。参政権は読んで字のごとく、政治に参加する権利のことです。

しかしながら、主権者たる国民全員が日本の政治に直接参加し、動かしていくなどということは、どう考えても現実的ではありません。

そこで、私たち国民の代理役を立て、その人に実際の政治の運営を任せる必要があります。

任せる人をどうやって選ぶのかというと、それこそが選挙であって、「我こそは」と立候補した候補者たちの中から、国民が投票によって選びます。

この投票できる権利が、選挙権です。より具体的に投票権という言い方をすることもあります。選挙権だけでなく、立候補できる権利である被選挙権や、最高裁判所裁判官の国民審査権、国民投票や地方自治体の住民投票権なども、参政権のひとつです。

学校で習った「三権分立」を思い出そう

日本は「三権分立」の国です。

三権分立とは、国家権力を複数の機関に分離させる「権力分立」システムのひとつで、「権力集中」の反対概念です。国家権力が1つの機関に集中することを避け、各機関が相互にチェックする仕組みを導入することで、国民の権利を守るシステムとして機能します。

三権分立では「立法権」（法律を作る）、「行政権」（政治を行う）、「司法権」（裁判などで法律を適用する）の3つの国家権力を、立法は国会、行政は内閣、司法は最高裁判所のそれぞれに分離します。

日本の政治システムはこの三権分立と、ここまで繰り返し書いてきた代議制民主主義であることに加えて、「議院内閣制」であることが特徴です。

議院内閣制は、内閣が議会（国会）の信任によって存立する仕組みで、19世紀のイギリスが発祥です。イギリス、オーストラリア、カナダなど「首相」が行政のトップに位置する国は一般的に議院内閣制を採用しています。

「内閣が議会の信任によって存立する」というのは難しい表現かもしれません。具体的には、

①内閣のトップである首相は議会（議員）から選出される
②議会は内閣の不信任を決議できる
③内閣（首相）は議会を解散できる

ということで、内閣と議会の権限が入れ子状態になり、相互をチェックできるシステムとも言えます。日本の内閣総理大臣（首相）も国会議員の中から国会の指名によって選ばれ、国会は内閣不信任決議を行うことができ、また内閣（首相）は国会の解散権を有しています。

一方、大統領が行政のトップにいる体制は一般的に「大統領制」と言います。アメリカ、フランス、韓国などが大統領制を採用していますが、その形は国に

よって異なります（民主制、共和制など）。

日本の場合、国のシステムとしては議院内閣制を採用していますが、地方自治体の首長（都道府県知事・市町村長）については大統領制に近いシステムを導入しています。

議院内閣制と政党政治

議院内閣制のもうひとつの特徴は、「政党政治」です。

議院内閣制では、議会で最大議席を獲得した政党の党首が国の首相に選ばれるのが基本で、日本も同様です。

自民党を例にとると、自民党が国会で最大議席を取った場合、党首である「総裁」が、国会で首相として指名されるのです。「総理総裁」という言葉がありますが、これは「内閣総理大臣」（首相）と「自民党総裁」を並べた言葉です。自民党が単独政権を築くのが当たり前だった時代は、事実上、自民党総裁＝総理大臣であったため、総理総裁という言葉がよく使われていました。

国会で最大議席を取った政党勢力が、内閣の首長である首相を出し、内閣を構成する国務大臣（閣僚）はその首相が任命し、政党勢力をベースとして政治をも動かしていくことから、議院内閣制において「政党政治」はきわめて大きな特徴と言えるのです。

首相は憲法第67条及び66条第2項により、国会議員であり（衆議院議員でも参議院議員でもかまいません）、かつ文民（軍人でない者）であることが条件です。

前述のように、首相を指名するのは国会であり、衆議院、参議院の双方で首相指名選挙が行われます。

衆議院と参議院で政党の勢力が異なっていると、首相指名もそれぞれの議院で異なることがあります。その場合は両院議員総会が開かれて「どちらの議院で指名された人物を首相にするか」が話し合われますが、衆議院と参議院の政党勢力が異なっているからこそ指名が割れたわけなので、そこで話がまとまることは通常ありません。

そして最終的には「衆議院の優越」により、衆議院で指名した人物が首相となります（憲法上は国会での指名後に天皇による任命が行われて初めて首相に就任します）。

それを考えると、首相は「国会で最大議席を取った政党」というより、事実上「衆議院で最大議席を取った政党」の党首が指名されることになるのです。

与党と野党の違い

首相を出している政党のことを「与党」（政権与党）と言います。

ある党が単独で政権を担っている状態を「単独政権」、２つ以上の党が組んで多数派を形成し政権を担当する場合は「連立政権」と呼びます。連立政権では与党が複数あることになります。2016年5月末時点での安倍政権は、自民党と公明党の連立政権であり、自民党と公明党の両党が与党です。そして、与党に対する勢力が「野党」となります。

アメリカは共和党と民主党の二大政党制で政治が動いています。アメリカ型の大統領制システムは、議会で最大議席を取った政党から大統領を出すのではなく、議会選挙とは別個に大統領選挙を行います。よって、現在のオバマ政権のように大統領は民主党でありながら議会の多数派は共和党である、といった事態も起こります。

日本の議院内閣制は国会の最大勢力が与党となり、行政のトップたる首相もその党から出すため、こうした〝ねじれ現象〟は起こりません。

ただし連立政権では、最大議席を獲得した政党が首相を出さない場合もあります。連立政権も通常は比較第1党（過半数に届いていないものの最も多い議席を取った政党）のトップが首相を出しますが、権力バランスの状態によっては比較第2党やそれ以下の政党から首相を出す事態も起こり得ます。

たとえば1994年に誕生した「自社さ政権」がそうでした。このときは自民党が比較第1党となったものの、社会党と新党さきがけが加わることで政権を樹立することになり、〝看板〟として社会党委員長の村山富市氏が首相に就任したのです。

自民党と社会党は、1955年に保守合同によって自民党が誕生し、分裂していた社会党も同年に再統一を果たして以来、長いあいだ与党と野党第1党としてライバル関係にあり続けました（これを「55年体制」と呼びます）。その両党が電撃的に連立政権を組み、しかも社会党から首相が出るという事態は、国民に大きな驚きをもたらしたのです。

ここ最近は、単独政権、連立政権以外に、厳密な定義があるわけではありませんが「連合政権」という言葉も聞くようになりました。

共産党が安保法制廃止を目指して野党各党が協力することを提案した「国民連合政府」構想は、諸々の政治情勢を見ると実現は難しそうですが、もしも実現した暁には連立政権よりもさらに緩いつながりである連合政権となることでしょう。

選挙の公示・告示

一般に「選挙」と言われますが、本書で扱う選挙は公職選挙法で定められた公職選挙です。言うまでもなく民間組織で行われる選挙は、公職選挙法の対象にはなりません。

日本の公職選挙には、大きく分けて次のものがあります。

【国政選挙】

衆議院議員選挙（衆議院議員総選挙）

参議院議員選挙（参議院議員通常選挙）

【地方選挙】

地方公共団体（自治体）首長選挙

●都道府県知事選挙

●政令指定都市市長選挙

●政令指定都市を除く市区長選挙

●町村長選挙

地方公共団体（自治体）議会議員選挙

●都道府県議会議員選挙

●政令指定都市議会議員選挙

●政令指定都市を除く市区議会議員選挙

●町村議会議員選挙

このほかに、各選挙の再選挙・補欠選挙もあります。

どの選挙も、任期満了・解散などの理由により実施されることが決まると「選挙期日」が発表されます。これを「公示」「告示」と言います。

公示・告示ともに選挙の実施について「広く一般に知らせる」ことを意味しますが、「公示」は衆議院議員総選挙と参議院議員通常選挙を知らせるときにのみ使い、それ以外の選挙はすべて「告示」を用います（衆議院議員・参議院議員の再選挙・補欠選挙も「告示」を用います）。

また、告示は各選挙の選挙管理委員会が行いますが、公示は天皇が国事行為として行います（憲法第7条第4号）。

衆議院議員選挙の選挙期日は少なくとも12日前に、参議院議員選挙の選挙期日は少なくとも17日前に公示しなければならないと、公職選挙法で定められています。その他の地方選挙の告示は選挙の種類によって異なります。

立候補と被選挙権

選挙が公示・告示されると、選挙期間が始まります。被選挙権（選挙に立候補する権利）を持つ人は立候補が可能です。

被選挙権を有する年齢は、衆議院議員が25歳以上、参議院議員が30歳以上となっています。地方首長・議会選挙は、都道府県知事のみが30歳以上で、それ以外は25歳以上です。

立候補の届け出は、公示・告示日の1日（午前8時30分～午後5時）のみ可能です。選挙管理委員会から立候補に必要な書類をもらい、提出します。

被選挙権を有する日本国民であれば、誰でも立候補できます。ただし現職の公務員が立候補する場合は公務員を辞職しなければならず、辞職せずに立候補した場合は立候補を届け出た時点で公務員を失職することになります。

また、何らかの犯罪で実刑を受けている者や、公職在職中の収賄罪や斡旋利得罪・選挙違反などの公職選挙法違反・政治資金規正法違反で執行猶予中及び刑期満了から一定期間を経過していない者、さらには禁治産者など、様々な事由により「公民権」(選挙権・被選挙権を行使する権利)が停止されている人は選挙に立候補することができません。

立候補者は法務局などに「供託金」を預託しなければなりません。

供託金は、いたずらや売名などで立候補するのを防ぐための仕組みで、一定の票(選挙の種類により異なる)を獲得した場合は返還されますが、一定の票に届かない場合や立候補を取りやめた場合は没収されます。

供託金の額は、衆議院・参議院の選挙区への立候補は1人300万円、比例代表は候補者1人につき600万円(重複立候補については1人につき300万円)となっています。

選挙期間と選挙運動

選挙期間に入ると、立候補者は選挙運動を行うことができます。選挙運動は立候補者が自分の名前や、当選した際に実現に向かって努力する政策などを有権者に知らせる活動です。

選挙運動では、金品・物品などを寄付・提供して買収することはもちろん、戸別訪問や、ちょっとした湯茶とそれに伴う菓子類を除いた飲食物の提供などは公職選挙法で禁止されています。

物品の提供に関しては、元法務大臣が選挙期間中に名前やイラスト入りのうちわを配布したことが問題となり、野党議員から厳しく追及されて辞任に至るという件もありました。

うちわが公職選挙法で禁じる物品の提供にあたるかどうかは議論の余地が残るところですが、いずれにせよ公職選挙法では、選挙運動において不正が起きないよう、禁止事項が細かく定められています。

選挙運動は立候補を届け出た日から投票日の前日まで行うことができると決められています。つまり、衆議院議員選挙は12日間、参議院議員選挙は17日間です。その他の地方選挙も告示日から投票日前日までです。

投票日前日までと決められているので、投票日の当日に選挙運動を行うことはできません。

公職選挙法では、立候補届け出前に選挙運動を行うことは認められていません。ただし政党の公認を求めるなどの立候補準備や、選挙運動費用の調達・ポスター印刷といった準備作業、選挙運動にあたらない政策宣伝などの一般的な政治活動は、立候補届け出の前にも行うことが可能です。

衆院と参院の比例代表の違い

衆議院と参議院の選挙制度については第3章で解説しました。

衆議院、参議院ともに、「選挙区」選挙と「比例代表」選挙を同時に（並立して）行う方式が採用されているのですが、微妙に異なります。簡単に整理すると以下のようになります。

【衆議院議員選挙】

●選挙区……全国295の選挙区において、各選挙区から1人ずつを選出する「小選挙区制」で行う。投票の際は候補者名を書く。

●比例代表……全国を11のブロックに分け、「拘束名簿式」で行い、計180人を選出する。選挙区と比例代表の重複立候補が可能。投票の際は政党名を書く。

【参議院議員選挙】

●選挙区……都道府県を単位とする選挙区（ただし鳥取県・島根県と徳島県・高

知県は2県で1選挙区）において、改選ごとに各選挙区1〜6人、計73人を選出する。投票の際は候補者名を書く。

●比例代表……全国統一で「非拘束名簿式」で行い、改選ごとに計48人を選出する。選挙区と比例代表の重複立候補は不可。投票の際は政党名か候補者名を書く。

ここで注目すべきは、比例代表の方式が衆議院と参議院で異なることと、「重複立候補」の有無でしょう。

まずは比例代表の方式の違いです。衆議院・参議院のいずれも、比例代表選挙では候補者名を記した立候補者名簿をあらかじめ提示します。

衆院選で採用している「拘束名簿式」は、政党が名簿に記載した候補者に順位を付け、政党が獲得した票によって配分された議席をその順位通りに適用、つまり順位が高い方から当選していく方式です。

たとえばある党が10議席を獲得した場合、名簿順位10位までの候補者が当選し、11位の候補者は落選することになります。

一方、参院選の「非拘束名簿式」は、名簿内で候補者に順位を付けない方式です。投票は、政党名でも、名簿に登載された候補者の個人名でも、どちらでもかまわないのですが、開票時には政党名の票と個人名の票を合算した数字から政党の獲得議席が決まります。その上で、個人名で投票された数が多い候補者から実際の当選者が決まっていきます。

「重複立候補」は、候補者が選挙区と比例代表の両方に重複して立候補できる仕組みで、衆院選でのみ採用されています。

小選挙区で落選しても、比例代表の立候補者名簿にも登載されているなら、政党が比例代表で獲得した議席数と名簿上の順位によっては「復活当選」することが可能です。

拘束名簿式（衆院選）

A党の名簿
㊣当 名簿1位 ○○
当 名簿2位 ○○
落 名簿3位 ○○
落 名簿4位 ○○
落 名簿5位 ○○

政党が名簿登載の候補者に順位を付け、政党が獲得した票によって配分された議席をその順位通りに適用、つまり順位が高い方から当選していく方式

非拘束名簿式（参院選）

A党の名簿
当 ○○ 20万票獲得
落 ○○ 10万票獲得
当 ○○ 25万票獲得
落 ○○ 10万票獲得

名簿登載の候補者に順位を付けない方式。投票は、政党名でも候補者名でも、どちらでも有効で、政党名の票と個人名の票を合算した数字から政党の獲得議席が決まる。その上で、個人名で投票された数が多い候補者から当選が決まっていく

衆院選の比例代表の立候補者名簿では、複数の候補者に同じ順位を付けることができます。同じ順位に並んだ候補者の間で当選・落選を決めなければならないときは「惜敗率」が使用されます。惜敗率は、候補者が選挙区で獲得した票数を、その選挙区で当選した候補者の獲得票数で割り算することで求めます。惜敗率が高い候補者から当選が決まっていきます。

仕組み自体が少々複雑な上に、小選挙区で当選できなかった候補者が比例代表で復活当選できるという点でも、有権者側の心理として複雑に感じるシステムかもしれません。

候補者のどこを見ればいいのか

それでは、選挙で投票する候補者や政党を決めるとき、有権者はどこを見ればいいのでしょうか。

まず、すでに議員を務めている（務めていた）候補者の場合は、議員時代の活動や、以前当選したときの公約がどれくらい達成されているか、あるいは公約を覆して正反対の政策を主張するようになっていないか、といったあたりをチェックするのがいいでしょう。議員に当選した途端、選挙運動時の主張とまったく異なる政策を平気で推進する議員もいるのです。

問題は「新人」、つまりまだ議員になったことがない候補者の場合です。〝風〟に乗って当選するチルドレン予備軍と言われる候補者に加え、初めて立候補する世襲の候補者もこのケースに当てはまるので、有権者としては判断が難しいところがどうしてもあります。

この場合は候補者が所属する政党をベースに、政策の主張やこれまでの経歴・業績、世襲候補の場合は親の議員時代の活動などをチェックするしかありませんが、その際の判断にこそ有権者側の「見識」が問われるということもできます。

政党で選ぶべきか議員で選ぶべきか

この章の前半で、日本の政治は政党がベースになっていることを解説してきました。

国会議員は基本的に、政党の枠の中で活動しています。選挙の立候補者を見ると「○○党公認」などと記されていますが、これはその政党の候補者として立候補していることを表しています。

どの政党にも属さない「無所属」として当選する議員もいますが、選挙の際には「推薦」「支持」といった形で政党から何らかの支援を受けているケースが一般的です。

無所属議員は、実際に国会で活動するにも政党あるいは政党をベースとした会派に所属しないと政治活動に大きな制限が生じるため、やはり政党の縛りから完全に抜け切ることは難しいのが実情です。

地方議会（都道府県議会・市区町村議会）は国会と異なり一院制（議員と首長を別の選挙で選ぶ二元代表制）を採用していますが、勢力が政党で色分けされていることには変わりありません。

地方自治体の首長（都道府県知事・市区町村長）は多くが無所属として当選しますが、選挙の際はやはり政党の推薦や支持を受けているのが一般的で、政党の意向を無視することはできません。

日本において、政治と政党の関係は避けて通ることのできない基本的な構図となっています。このため、投票する候補者を選ぶ際にも「政党」の視点で選ぶことが多いと思います。しかし、もちろん候補者の個人的な資質を評価して投票してもいいのです。

政党の主張には今ひとつ納得できないが、候補者個人の主張は自分の信条によく合う、といったケースでは、政党と候補者個人のどちらの要素で選択するか悩むことと思います。

そこは、あなたの見識が決める部分です。私であれば、候補者個人の意見や主張、資質の方を優先します。

いずれにしても、国会に送り出して国民の代わりに政治を担ってもらう議員を選ぶのは、有権者の責任でもあります。有権者としての責任をしっかりと果たすためにも、やはり「知ること」「学ぶこと」が大切になるわけです。

議員の「カネ」をチェックする

議員時代の「カネ」に関する側面を調べるのも有効です。カネの面での着目点は、政治資金の使い方と、不正なカネの動きです。

議員や政党は、政治活動を行うための資金が必要となります。これが政治資金です。政治資金については「政治資金規正法」などで厳しく制限されています。

政党や議員が政治資金を調達する主な手段としては、「政治献金」「政治資金パーティー」「政党交付金」などがあります。

政治献金はいわば寄付で、大きく分けて「企業・団体献金」と「個人献金」があります。

企業・団体献金は政治家個人に対して行うことはできず、政党本部・支部か、政党が指定する政治資金団体に対して献金することになります。

一方の個人献金は、企業や団体ではなく個人の立場で政治家に寄付を行うことで、政治家が指定する資金管理団体や後援会組織などに献金します。

企業・団体からの献金はこれまでも汚職の温床となってきたため、政治家個人に対して行うことはできないのですが、政党や政党の政治資金団体から政治家個人の資金管理団体に資金を移動することは可能ですから、現在の政治資金規正法には抜け道があるという指摘もあります。

政治資金パーティーは、政治資金を集めるために政治団体が開くパーティーです。支援者が、お金を払って参加します。同パーティーの収支については政治資金収支報告書に記載することが義務付けられています。

そして政党交付金は、政党の活動を助成するために、国民が払う税金から、国政選挙での得票率に応じて政党に分配されるものです。政党交付金を受け取るには、国会議員5人以上を有していることなどの条件があります。

政党交付金は企業・団体献金を制限するために導入された制度ですが、税金を使用することや、制限されたとはいえ企業・団体献金はいまだに続いていることなどから、〝二重取り〟などの批判もあります。

ちなみに、国民1人あたり250円が政党交付金の財源として使われています。その額は国勢調査の人口を基に算出されるため、この「1人」には選挙権を持たない赤ん坊などの国民も含まれています。

議員・政党が「カネ」をどのように調達し、使っているかは「政治資金収支報告書」でチェックできます。政治資金収支報告書は公開されているもので、誰でも閲覧することができます。

議員・政党の「カネ」に関するルールは政治資金規正法などで細かく定められており、違法行為が見つかった場合、議員は職を失うなどの厳しいペナルティーを課せられることもあります。

政治資金の使い方に怪しいところはないかを政治資金収支報告書などでチェックすることは、選挙で投票先を決める際にも大いに参考になることでしょう。

ネット選挙で情報を集める

選挙運動というと、選挙カーや選挙ポスター、演説会、政見放送などのイメージが強いことでしょう。

もちろんそうした旧来の手段で公約などの情報を仕入れるのが基本中の基本ですが、今はインターネットの時代です。選挙においてもインターネットを活用する可能性が模索され、2013年4月の公職選挙法改正でインターネット選挙運動、略して「ネット選挙」が可能となりました。ネット選挙と聞くと「インターネットで投票ができるの？」と思われるかもしれませんが、ネット投票は現時点ではまだ認められておらず、あくまで選挙運動のみです。

ネット選挙では「ウェブサイト等を利用する方法」と「電子メールを利用する方法」に大別されます。

「ウェブサイト等を利用する方法」は、候補者、政党以外に一般有権者も選挙運動を行えます。

「ウェブサイト等」には「ウェブサイト（いわゆるホームページ）」「ブログ・掲示板」「ツイッター、フェイスブックなどのSNS」「動画共有サービス（ユーチューブ、ニコニコ動画等）」「動画中継サイト（ユーストリーム、ニコニコ動画の生放送等）」が含まれ、さらに「今後現れる新しい手段も利用できることとなる」とされています。なお、「ウェブサイト等」には連絡先電子メールアドレスの掲示が義務付けられています。

一方の「電子メールを利用する方法」は、候補者と政党のみに認められます。ウェブサイト等で行える選挙運動は、公約その他選挙・政策に関わるメッセージの掲示、政策動画の配信など。電子メールでは、ウェブサイトと同様のメッセージや、選挙運動用ビラ・ポスターなどの送信が可能です。

選挙運動は投票日の前日までと定められていますが、ネット選挙に関してはその性格上、投票日当日も表示したままにしておくことができます。ただし更新は前日までに限られ、当日は行えません。

インターネットはとくに若者の世代でコミュニケーションツールの標準となっており、スマートフォンやパソコンなどから効率的に情報収集できることがメリットですが、選挙では実際に候補者と会い、人柄などを肌感覚でつかむことも重要です。街頭演説を聞いたり、個別演説会に出かけたりして、候補者と触れ合う機会も作りましょう。

投票への流れ

投票を行う有権者は、各候補・政党が提示する「公約」や「マニフェスト」をしっかりと読み、自ら調べられることはきちんと調べ、吟味検討した上で、投票日当日に投票を行います。

マニフェストは日本語では「政権公約」と呼ばれますが、一般的な公約とは違い、政権を取った際にどのような政策をいつ頃までにどの程度実現するかを明示した宣言書のことです。

日本の国政選挙の投票は「自書式」で行われます。これは投票したい候補者名や政党名を自分で書く方式です。地方選挙では自治体の条例によって、候補者名に「○」を付ける「記号式」を採用することもできます。

投票は投票日に指定投票所で行えるほか、投票日に何らかの事情で投票所へ行けない人のために、「期日前投票」という仕組みも用意されています。

また、何らかの理由で文字を書けない有権者のために代理投票も認められているほか、点字投票も可能です。

なお、衆議院議員総選挙の際には最高裁判所裁判官の「国民審査」も同時に行われます。

国民審査は最高裁の裁判官が信任できるかどうかを国民が判断する仕組みで、不信任＝罷免したい裁判官がいる場合は、国民審査投票用紙の裁判官名の上に「×」を付けます。「×」が過半数に達すれば、その裁判官は罷免されます。

注意したいのは、投票用紙に付けられるのは「×」だけであり、「○」など他の記号を付けるとその投票自体が無効になることです。また、「×」を付けない＝無印とした裁判官は、信任したことになります。

国民審査は最高裁裁判官が任命されて初めて迎える総選挙、及びその審査以降10年を経過するごとに行われる総選挙において同時に行われます。司法に国民の声を届ける重要なシステムではありますが、投票方法がわかりづらいことと、そもそも国民の司法に関する興味や知識が日本ではそれほど高くないこと、信任・不信任の判断材料が少ないことなどから、過去に国民審査で罷免された最高裁裁判官は存在しません。

投票が締め切られると、「投票率」が発表されます。

投票率はいわばその選挙に対する国民の関心を表しているわけで、近年の選挙で投票率が低落傾向にあることは、国民の声を選挙によって政治に反映する代議制民主主義の根幹を揺るがす事態であると考えることができます。

さらに開票を経て、新しく政治を担う議員＝国民の代表が決定するわけです。

第7章

選挙が終わってからこそ大事な議員とのつきあい方

投票した議員と政党の活動をチェックしている？

選挙で、自分が支持する候補者や政党に「一票」を投じた。メディアの開票速報を楽しみに見守った。そして……

あなたが投票した候補者は、どうだったでしょうか。見事に当選したでしょうか、残念ながら落選だったでしょうか。支持した政党は多数の議席を獲得して第1党になりましたか。それとも思うように議席を取れず、野党の座に甘んじることになりましたか。

投票が済み、開票も終わって、国会の新しい勢力が大方決まったら、有権者としてのあなたの役目はすべて終わり……というわけではありません。

残念ながら、当選して政治を行うことではなく、当選すること自体が目的化しているような議員の姿も見受けられます。

議員が当選することが大切なのではなく、その議員が政治の場で何をするかが大切なのです。

選挙における投票行動は国民の権利ですが、それは責任も伴う権利です。その中には、国民の代表として政治の場に送り出した当選後の議員の活動を見続ける責任も含まれていると私は考えます。

「オレが投票してやったんだから当選できたんだ。何か見返りをくれ」などという態度で議員に利益を求めることは言語道断ですが、投票した議員が当選したからといって、そのあとフリーハンドを与えてしまってもいけません。

政治家は、国民の代表として、国民のために働くという意識を強く持って活動すべきだということを繰り返し書いてきました。実際にそうした意識で政治の場に臨んでいる議員もたくさんいます。

しかしながら、国会議員、政治家といっても元をただせばひとりの人間。個人の政治信条に反する政党の論理に引っ張られたり、法で厳しく規制されているとはいえ利益誘導を願う団体などからの誘惑にもさらされることでしょう。

ですから、あなたが一票を投じた候補者・政党が、あるいは投票しなかった候補者や政党が、いざ国会の場に出てどのような振る舞いをし、どのような政策を実現していくか。与党が数の暴力で民意を無視したとんでもない法案を通そうとしたりしないか、野党が反対のための反対だけで国会の進行を妨げてはいないか。そうしたことを日々チェックしながら政治を監視するのも、主権者であり有権者である国民の重要な役目なのです。

議員に働きかける意味

第6章の「候補者のどこを見ればいいのか」のところで書いたチェック内容は、当選後の議員に対しても適用できます。

政策に関する活動はもちろんですが、「カネ」の面でのチェックも重要です。

疑わしいカネの動きがないか、わかる範囲でかまわないので常に目を光らせておくべきです。

さらには「議員とのつきあい方」という視点も必要でしょう。

最近は政治家にも若い世代が増えてきました。政治というものは、究極的にはこれからの国を支えていく若い世代の人たちのためにあるべきだ、と私は書きました。その点で、若い議員が増えてくること自体は、歓迎すべきことであると考えます。

もちろん若い議員たちが、若い世代の人たちのための政策を積極的に推進してくれるかどうかは別問題です。人口分布的に日本は高齢者の割合が圧倒的に高いのは現実ですし、今後もその傾向は加速します。中高年世代は概して投票率も高いので、議員の政策が必然的に自分を支持してくれる中高年世代の方を主に向いてしまうのもある意味致し方ないところです。

しかし、若い世代の議員たちであれば、若い世代の人たち特有の悩みやテーマをより実感を伴って理解してくれるでしょう。ですから若い世代の有権者たちも、選挙で当選した若い議員たちを中心に、実現してほしい政策などを積極的に働きかけていく必要があります。

近年は、情報発信のスタイルが大きく変わりました。SNS（ソーシャル・ネットワーキング・サービス）も定着し、国政・地方を問わず、ブログやフェイスブック、ツイッターなどで日夜情報を発信する議員も間違いなく増えています。

若い世代の人たちは、中高年世代よりもはるかにSNSなどの使い方に長けていると思います。そのせっかくのアドバンテージを活かさない手はありません。SNSをうまく活用すれば、旧来型の陳情で議員事務所を訪れるよりもはるかにスピーディーに、議員たちへ働きかけることが可能です。

そうした中で自分の政治信条に合う議員を見つけ出し、日常的にウォッチし、その議員の視点や立場を通じて政治を見てみることも、政治を知る上で大きな力になることでしょう。

第三者の立場でウォッチし、チェックするだけでなく、もしもその議員の政治信条や主張があなたのそれと齟齬なくフィットするなら、議員事務所などで政治の仕事を手伝うことも政治参加のひとつの道です。

さらに言うならば、ゆくゆくはあなた自身が立候補し、議員として政治の最前線に乗り込む権利も、この国では保障されているのです。

議員を選べるのはもちろん、議員になることもできる。それが民主主義国家・日本です。

投票率を上げることの大切さ

若い世代の意見を政治に届けるにはどうすればいいのか。

やはり最も重要なのは、若い世代の投票率を上げることです。総務省発表の「衆議院議員総選挙における年代別投票率（抽出）の推移」によると、２０１４年に行われた前回の総選挙で、50代の投票率が60・07%、60代が68・28%であったのに対し、20代は32・58%、30代も42・09%にとどまりました。有権者数自体50代、60代の方がはるかに多いことを考えると、20代、30代の投票に行った実数は驚くほど少ないことがわかります。

これでは、若者世代向けの効果的な政策がなかなか実現しないのも仕方ないところがあります。

２０１６年夏の国政選挙から18、19歳も選挙権を得ることになりますが、第4章で紹介した共同通信社の世論調査では、7月に予定される参院選の投票に「必ず行く」「行くつもりだ」と答えた人が56%、投票で政治に影響を「与えることができる」と答えた人が59%に達していますから、明るい希望を持つことはできると思います。

むしろ気になるのは、投票で政治に影響を与えることはできないという答えが41％もあったことです。

「投票しても何も変わらない」とあきらめの境地に陥り、国民の権利である選挙権を放棄すると、投票率が下がります。今や国政選挙は全世代合計で50％をキープできるかどうかの瀬戸際にあり（２０１３年参院通常選挙、２０１４年総選挙の選挙区の投票率はともに52％台）、前出のように20代の投票率は30％台前半と著しく落ち込んでいます。

もともと20代の投票率は高くなりにくいものですが、それでも１９９０年総選挙までは50％台でした。そこまで政治に対する無関心やあきらめが浸透しているのだとすれば、深刻な事態です。

投票率が下がると、年代別の格差だけでなく、強固な支持基盤である政党支援団体の票が占める割合も必然的に大きくなり、その反対に政党の利権と縁もゆかりもない一般的な国民の声はどんどんと小さくなってしまいます。

2015年5月に行われた「大阪都構想」の是非を問う大阪市の住民投票（大阪市特別区設置住民投票）では、賛成が69万4844票、反対が70万5585票で、わずか1万741票差の否決でした。登録有権者数210万を超える大阪市で、その差が1万強しかなかったというのは、僅差と言っていいでしょう。

この住民投票の投票率は66・83％でしたが、報道各社の調査を総合すると、年代構成別で20代、30代が6割以上、20〜50代でも5割以上が賛成していたのに対し、60代は5割以上、70代以上は6割以上が反対でした。

投票率は20代が45％、30代が60％、それに対して60代と70代はともに78％台（いずれも小数点以下切り捨て）。ということは、もしも若い世代がもっと積極的に投票していれば、この1万票強という差は逆転していた可能性もあったのです。

つまり、「投票しても何も変わらない」ではなく、政治は投票によって動くのです。

2016年の夏の国政選挙の投票率がどうなるかはまだわかりませんが、日本の未来を見据えれば、投票率をなんとかして上げるための政策的努力は今後一層必要となるでしょう。「18歳選挙権」がカンフル剤となるか、注目です。

投票する有権者側にも品格が求められる

投票で政治を動かせるかどうか。投票率は重要なファクターですが、投票率以外にも問題はあります。

それは、投票先の選択の問題です。

繰り返しますが、世襲議員やタレント議員と呼ばれる人たちのすべてに問題があるわけではありません。親譲りの、あるいは親以上の資質を持っていると思われる議員はたくさんいますし、タレント出身でも崇高な政治理念を持って立派に活動している議員はいます。ですが、選ぶ側が彼らの「世襲」というバックボーンや「知名度」だけを評価して投票するのは問題があります。

世襲の地盤や看板は、親から受け継いだにすぎません。また、知名度があるからといって、政治家としての才能があるとは限らないのも当然のことです。世襲であることや有名であることは「議員の品格」の保証にはまったくならないのです。

「○○チルドレン」や「落下傘候補」も、政策上の戦略で投入された候補であり、政治的な手腕を買われて擁立されたかどうかを疑う必要があります。

だからこそ、世襲議員にせよ、チルドレンにせよ、国会の場に登場した議員の行動をチェックし、それが納得できることならばサポートして、もし問題があれば次回以降の選挙に役立てていくことも、国民の政治参加なのだと言えます。

何かトラブルを起こした際に政治家が発する「言い訳」に関しても、主権者の立場からきちんと分析して厳しく対応すべきですし、そのような議員には次回の選挙で投票しないという強い決断も必要です。

いずれにしても、当選後も進んでウォッチを続けていかなければ、議員がどのように活動しているかは情報としてあまり入ってこないのです。

投票＝終わりにしないために

現在の選挙制度は「一票の格差」をはじめとして、システム側に問題があることは、これまで解説してきたとおりです。

しかし、欠陥はあるにせよ、システム的に民意で政治を動かせる機能はしっかりと担保されています。結果はともかく、２００９年の総選挙で旧・民主党が勝利し、戦後初の本格的な政権交代が実現できたことはその証しであるとも言えるでしょう。

となれば、不適切発言や国民をバカにした暴言を繰り返すなど品格が疑われる議員を当選させるのも、最終的には有権者の選択であり投票です。

つまり、極論ではありますが、品格のない議員を次々と送り出しているのは、有権者の側にも問題があると考えるのが、当然の帰結でしょう。

あなたはどの候補者・政党に、どんな思いを込めて投票するのか、もう一度考えなおすべきです。

「わからないから」

「なんとなく」

「名前を聞いたことがあるから」

こういった理由だけで行う投票は、わからない政治、なんとなく動く政治、名前の陰で強引に進められる政治を生み出します。その行く先は、

「気づいたら、こんなことになっていた」

という、後悔してもしきれない最悪の状況です。

「わからない」「なんとなく」ではなく、調べ、学ぶ。「名前」ではなく、どんな

人物でありどんなことをやっているのかを知る。

選挙公報や政見放送、選挙ポスター、選挙カーでの演説だけでなく、メディアの報道や仲間との意見交換・議論、読書なども含め、自分のやり方で情報を収集し、分析する。

そして、当選したあともしっかりウォッチを続けましょう。

おわりに

さて、「議員の品格」というテーマで、この国の政治システム、選挙制度の課題について解説してきました。品格の問題は制度上の問題やいまだ解決できない問題も含んでいますが、それに失望したりあきらめたりすることなく、現状の中で、我々の代表を選ぶ必要があります。

政治的公平・不偏不党にできるだけ留意しつつ、政治システムについて語ることにつとめましたが、政治をめぐる状況は複雑さを増す一方で、とうてい一冊の本で語り切れることではありません。

ですが、いまは新聞、雑誌、テレビ、ラジオ、インターネットなどの様々なメディアによって情報が伝えられています。政府の公式資料なども入手しやすくなり、海外のメディアに触れることも容易になりました。

議員自身の情報発信力も向上しました。あなた自身が積極的に情報を手に入れようとすれば、今はいくらでも手に入れられるのです。選挙のときだけ情報に触れるのではなく、日常の中でも政治に関心を持っていただきたいと願わずにはいられません。

最後の章でも触れましたが、選ばれた議員は、〝国民の鏡〟です。議員に品格を期待する以上、我々国民にも品格が求められます。もちろん、議員の品格を報道するメディアにもその自覚が必要です。

そして、選んだ以上、期待し、応援し、監視するのも、我々の権利であり責任でもあるわけです。

選挙をめぐる状況は、いま変革の途上にあります。

今後はインターネットを活用した選挙運動が一般的になり、いずれはインターネット投票も実現するかもしれません。ネイティブなインターネット世代と言える20代以下の若い世代が、未来の選挙の姿を変えていく主役となるでしょう。

２０１６年７月の「18歳選挙権」は、そうした選挙をめぐる新しい時代の幕開けとも言えます。

「政治を動かせる」貴重な権利を無駄にせず、あなたの信念に基づいて「一票」を行使してくださることを心から期待しています。

岸井成格

参考文献

『保守の知恵　アジア平和外交の歴史的真実』　佐高信＋岸井成格・著　毎日新聞社
『政治原論』　佐高信、岸井成格・著　毎日新聞社
『世襲政治家がなぜ生まれるのか？　元最高裁判事は考える』　福田博・著　日経BP社
『福田博　オーラル・ヒストリー「一票の格差」違憲判断の真意──外交官としての世界観と最高裁判事の10年』　福田博・著　ミネルヴァ書房
『小選挙区制は日本を滅ぼす「失われた二十年」の政治抗争』　浅川博忠・著　講談社
『18歳 初めての選挙』　弘兼憲史・監修　アルゴ・パブリッシング
総務省ホームページ　http://www.soumu.go.jp/
首相官邸ホームページ　http://www.kantei.go.jp/
毎日新聞、朝日新聞、日本経済新聞、東京新聞（各紙面及びホームページ）

●著者プロフィール

岸井成格（きしい・しげただ）

1944年生まれ。東京都出身。慶應義塾大学法学部卒業。67年毎日新聞社入社。熊本支局、政治部、ワシントン特派員を経て、91年論説委員。その後、政治部長、編集局次長、論説委員長、主筆を経て、現在は特別編集委員。2016年3月までTBS「NEWS23」アンカー、日本ニュース時事能力検定協会理事長、NPO法人「森びとプロジェクト委員会」理事長、TBS「サンデーモーニング」コメンテーター。著書に、『政変』『政治家とカネ』『大転換 - 瓦解へのシナリオ』『政治原論』『保守の知恵』（以上毎日新聞社）、『永田町の通信簿』（作品社）など（共著含む）。

マイナビ新書

議員の品格

2016年6月21日　初版第1刷発行

著　者　岸井成格
発行者　滝口直樹
発行所　株式会社マイナビ出版
〒101-0003　東京都千代田区一ツ橋2−6−3　一ツ橋ビル2F
TEL 0480-38-6872（注文専用ダイヤル）
TEL 03-3556-2731（販売部）
TEL 03-3556-2733（編集部）
E-Mail pc-books@mynavi.jp（質問用）
URL http://book.mynavi.jp/

装幀　アピア・ツウ
DTP　富宗治
印刷・製本　図書印刷株式会社

Printed in Japan